直通

新日语能力测试精解！

主 编◎任海丹 郑 丹 副主编◎周 娜 刘 丽 刘晓航 高 峰

N2

模拟强化 读解

◎大连理工大学出版社

图书在版编目(CIP)数据

N2读解模拟强化 / 任海丹,郑丹主编. — 大连：
大连理工大学出版社,2012.8
(直通新日语能力测试精解!)
ISBN 978-7-5611-7203-2

Ⅰ.①N…　Ⅱ.①任…②郑…　Ⅲ.①日语—阅读教学
—水平考试—习题集　Ⅳ.①H369.4—44

中国版本图书馆 CIP 数据核字(2012)第 185262 号

大连理工大学出版社出版
地址:大连市软件园路 80 号　邮政编码:116023
发行:0411-84708842　传真:0411-84701466　邮购:0411-84703636
E-mail:dutp@dutp.cn　URL:http://www.dutp.cn
大连美跃彩色印刷有限公司印刷　　大连理工大学出版社发行

幅面尺寸:185mm×260mm　　　印张:11.75　　字数:269 千字
印数:1～5000
2012 年 8 月第 1 版　　　　　　2012 年 8 月第 1 次印刷

责任编辑:宋锦绣　　　　　责任校对:李小涵　　周琳琳
封面设计:李　雷

ISBN 978-7-5611-7203-2　　　　　定　价:25.00 元

前 言

日语国际能力测试是由日本国际交流基金会与中国教育部海外考试中心共同举办的全世界范围内的能力测试。近年来，由于考生的范围不断扩大、考试目的多样化，对考试的要求和建议也日益增多。因此，自2010年7月起开始实施新的日语能力测试。改革后N2由原来的一年一次改为一年两次，考试时间分别在7月和12月的第一个星期日，考试时间由原来的上午改成下午，各考查项目的分数也做了较大的调整，具体如下：

原二级			N2		
考试项目	满分分数	时间	考试项目	满分分数	时间
文字词汇	100分	35分钟	语言知识 （文字、词汇、语法）	60分	105分钟
语法阅读	200分	70分钟	阅读	60分	
听力	100分	40分钟	听力	60分	50分钟

调整后的N2考试设置了单项得分和综合得分的标准，其中一个单项未达到合格标准，总分再高也不能算作合格。因此，各部分的考试都非常重要。在考试限定的时间内完成答题，需要考生提前训练答题速度和技巧。本书在语言知识和阅读部分为考生提供了答题参考时间，便于日常训练。

项目		题型	问题数量	建议答题时间
语言知识	文字·词汇	问题1 汉字读音	5小题	3分钟
		问题2 汉字书写	5小题	3分钟
		问题3 词语构成	5小题	5分钟
		问题4 句子脉络	7小题	7分钟
		问题5 近义词辨析	5小题	8分钟
		问题6 词语用法	5小题	8分钟
	语法	问题7 选择填空	12小题	9分钟
		问题8 排列组句	5小题	6分钟
		问题9 完形填空	5小题	7分钟
阅读		问题10 内容理解（短篇）	5小题	12分钟
		问题11 内容理解（中篇）	9小题	12分钟
		问题12 综合理解	2小题	6分钟
		问题13 主张理解（长篇）	3小题	10分钟
		问题14 信息检索	2小题	4分钟

在时间安排上，答题共用100分钟，剩下5分钟为填涂答题卡和通篇检查时间。

本书对每部分考试项目分题型进行讲解，每个题型包括：免费检测、魔鬼训练、模拟考场三个部分，最后还有两套模拟题供考生自测。

希望广大日语考生通过这本书的学习，能够以优异的成绩顺利通过考试。

编　者

2012年3月

目　录

本书导航

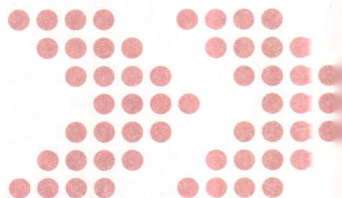

免费检测

想知道自己的水平吗？快来检测一下吧！是限时的哦！超级逼真！

魔鬼训练

海量题目，是真题数量的4倍哦！

模拟考场

真正模拟现场考试的环境，在规定的时间内答题哦！

精解专栏

每道题都有精解哦，既点睛，又全面。

正解

答案可不容易偷看哦！
需要倒过来看哦！可不能着急！

模擬テスト

配备2套模拟题，你不用再担心自己的综合实力啦！

精解专栏　模拟题中的每道题还有精解哦！

阅读部分
大揭秘

改革后的日语能力测试中，阅读题目共计5个大题，本书将分题目进行讲解。

	问　　题	问题数	问题内容
阅读共110分钟	问题10　内容理解（短篇）	5小题	阅读200字左右的说明性或指示性文章，包含生活、工作等方面的不同话题，理解其中的中心思想。
	问题11　内容理解（中篇）	9小题	阅读500字左右的评论、随笔、解说等文章，理解重点词汇或语句，领会文章概要和作者观点。
	问题12　综合理解	2小题	阅读几篇表达内容较为简单的文章，共计600字左右。比较各篇文章观点的不同之处，同时概括理解几篇文章的中心内容。
	问题13　主张理解（长篇）	3小题	阅读900字左右理论性较强的论说性文章。整体把握文章的主要内容和作者观点。
	问题14　信息检索	2小题	从含有信息的广告、手册、杂志、商务信函（约700字）中快速查找所需要的信息。

阅读题目的出题方式一般有这样三种形式：

　　一是画线问题，包括指示代词、关键名词解释和关键句子理解。解答这种类型的问题时，重点要看画线部分的前后句，一般是先在前面找答案，如果没有明确涉及的信息时再看后面的句子。如果是在文章段落之首或是结尾的句子时，往往是这篇文章的中心思想，和后面的归纳总结题目归为一类。

　　二是括号问题，重点考查的是对于前后两句句子关系的把握。改革之前这种类型的题目经常考查接续词的使用。新的考试题当中又增加了句子的比例，特别是在文章末尾的时候，也经常需要考生总结全篇文章的中心思想。这个时候又和后面的归纳总结题目归为一类了。

　　三是总结型题目，多是以这篇文章要说什么或者是作者的观点为主。这种类型的问题在改革之后数量增加。要想做好这种类型的问题，需要了解文章的构成。考试的时候出现的文章体裁多是议论文。考查的重点一般是议论文的论点。根据议论文的特点，将议论文分成两种，一种是驳论文，一种是立论文。驳论文的情况，多是错误论点——论据——作者论点。立论文的情况是论点——论据——作者观点。在选项的设置上经常是论点和论据混合设置，所以区分清楚论点和论据是解题的关键。

问题 10

内容理解（短篇）
——答题关键

- 每篇文章后面有一个问题，考查考生对短篇文章中心思想的把握。其中包括对于重点关键词语或是句子的理解，或者是对全篇短文意义的把握。

- 从文章后面的题目来看，改革之后的题目形式并没有大的改变，只是有所微调。原来的短文阅读中图例的题型在近年来的几次考试当中都没有涉及。

- 解题时要注意，先看问题后看文章，带着问题读文章，这种方法最节省时间。同时注意接续词的使用，特别是要搞清楚顺承和逆接的关系，会大大提高对正确选项的判断几率。

免 费 检 测

限时：12分钟

問題10　次の（1）から（5）の文章を読んで、後の問いに対する答えとして最もよい
　　　　ものを、1・2・3・4から一つ選びなさい。

（1）
　多くの老人達の死を目前にして、私は彼らの本当の望みを知ることができた。
　それは、彼らが（　①　）といって死にたい、ということだった。
　（　①　）…。それが何を意味しているのか。もちろん、看病してくれた家族への感
謝もあるだろう。遠くからかけつけてくれた親族へのお礼もあるかもしれない。だが、
本当に彼らがいいたいのは「ああ、いい人生だった」ということではないだろうか。

（フレディ松川『死に方の上手な人下手な人』による）

55　（　①　）に入る言葉として最も適当なものはどれか。
　　1　さようなら。　　2　よくできた。　　3　ありがとう。　　4　ごめんなさい。

（2）
　私が左ききの人（注）をはじめて意識したのはおとなになってからでした。
　後輩の医者に一人左ききの人がいて、いっしょに夕食を食べにでかけると必ず私の左
側にすわろうとするのです。
　「先生の右側にすわると、おはしを持った私の左手と先生の右手がぶつかって、申し
訳ないから…」というのが、その理由でした。

（細谷亮太「わくわく子育て」1995年2月8日付朝日新聞による）

　（注）左ききの人：左手で字を書いたりはさみを使ったりする人。

56　「その理由」とあるが、何の理由か。
　　1　私が左ききの人をはじめて意識した理由。
　　2　後輩の医者の一人が左ききであった理由。
　　3　後輩の医者が私の左側にすわった理由。
　　4　後輩の医者が申し訳ないと思った理由。

(3)

イアン様

　先日はお便りありがとうございました。こちらこそごぶさたしております。卒業記念発表会のご案内状もありがとうございました。ホームステイでわが家にいらっしゃった時は、まだ来日なさったばかりでしたのに、もう2年にもなるのですね。

　ほんとうに早いものです。あの時はほとんど日本語が話せなかったので心配でしたが、発表会では大勢の人の前で日本語で話されるのですね。本当に驚きました。発表会へは、家族そろって、うかがうつもりです。イアンさんの発表をお聞きするのが今からとても楽しみです。

　ところで、その後は何かご予定がありますか。よろしければ一緒にお食事でもいかがでしょうか。ご都合をお聞かせください。

　では、発表会当日を楽しみにしております。

3月10日

田中よしこ

57 この手紙を読んだ人は、この後何をするか。

1　発表会を聞きに行く。　　　　2　発表会の案内状を出す。

3　発表会後の都合を知らせる。　4　発表会後に食事に招待する。

(4)

　小さな子供たちは見るもの、さわるもの、なんでも不思議がります。

　「あれなあに？」「なぜ？」「どうして？」の連発で(注1)大人たちをこまらせます。いざ(注2)説明してやろうと思って、どうしてもうまく説明できず、自分ではわかっていると思っていたことが、じつはさっぱりわかっていなかった、と<u>発見させられる</u>ことがあります。

（大野栄一「数学なんてこわくない」による）

（注1）〜の連発で：〜と続けて聞いて。

（注2）いざ：さあ、それでは。

58 「<u>発見させられる</u>」とあるが、何を発見させられるのか。

1　小さな子供たちが不思議がっているもの。

2　自分が理解できていなかったということ。

3　自分がうまく説明してやれないということ。

4　子供たちが少しもわかっていないということ。

(5)

　本を読む習慣のない大学生が、つまり、読書の本当の喜びを知らない人が、本など読まなくてもいいのではないかと言うのは、たしかに腹が立つ _(注1) が、理解できないわけではない。好きも嫌いも、当の _(注2) 読書をそれほどやっていないわけだから、読書の必要性がよくわからないのも、ある意味<u>無理はない</u> _(注3)。

（齋藤孝『読書力』による）

（注1）腹が立つ：怒りたくなる。

（注2）当の〜：まさにその〜。

（注3）無理はない：しかたがない。

59　「無理はない」とあるが、ここで筆者は何が無理はないと考えているのか。
　1　本を読まない大学生でも、読書の必要性をよく理解していること。
　2　あまり本を読まない人が、本など読まなくてもいいと考えること。
　3　最近の大学生は本を読む習慣がないのでその喜びを知らないこと。
　4　あまり本を読まない大学生が増えたことに腹が立つこと。

精解专栏
独家发布

55 正确答案是3。

ありがとう。（谢谢。）

该题目属于总结性的问题。文章中的关键句子是：「看病してくれた家族への感謝もあるだろう。遠くからかけつけてくれた親族へのお礼もあるかもしれない。だが、本当に彼らがいいたいのは『ああ、いい人生だった』ということではないだろうか。」问题是："询问括号内应填写的最恰当的词是什么？"根据关键句说对照顾他的家人的感谢，对远道而来的亲人的感谢，并对自己度过了完美的一生的感谢，由此可以推断出正确答案是3。在选项中：1、2、4都不是作者想要表达的，与文章内容不符。

其他选项分别是
1　さようなら。/再见。
2　よくできた。/做得很好。
4　ごめんなさい。/对不起。

56 正确答案是3。

後輩の医者が私の左側にすわった理由。（做医生的后辈坐在我左边的理由。）

该题目属于询问原因理由类的问题。文章中的关键句子是：「後輩の医者に一人左ききの人がいて、いっしょに夕食を食べにでかけると必ず私の左側にすわろうとするのです。」问题是询问是什么原因，根据关键句可知，后辈和我一起吃饭的时候一定要坐在我的左边，由此可以推断出正确答案是3。在选项中：1不是文中真正想说的理由；2只是个事实，不是文中的重点；4文中没有提及作者对后辈感到抱歉。

其他选项分别是
1　私が左ききの人をはじめて意識した理由。/我第一次意识到有左撇子的人的原因。
2　後輩の医者の一人が左ききであった理由。/做医生的后辈中有一个人是左撇子的原因。
4　後輩の医者が申し訳ないと思った理由。/对做医生的后辈感到抱歉的原因。

[57] 正确答案是3。

発表会後の都合を知らせる。（告知发表会后是否有时间。）

该题目属于总结性的问题。文章中的关键句子是：「ところで、その後は何かご予定がありますか。よろしければ一緒にお食事でもいかがでしょうか。ご都合をお聞かせください。」问题是询问收信的人之后做什么，根据关键句可知，写信人在最后询问发表会后是否有时间，想一起吃饭，由此可以推断出正确答案是3。在选项中：1去听发表会的人是写信人，而不是收信人；2邀请函已经寄出，本封信就是对邀请函的回复；4要先询问对方是否有空，才能决定是否一起吃饭。

其他选项分别是
1 発表会を聞きに行く。/去听发表会。
2 発表会の案内状を出す。/邮寄发表会的邀请函。
4 発表会後に食事に招待する。/发表会后招待吃饭。

[58] 正确答案是2。

自分が理解できていなかったということ。（自己也不理解的事。）

该题目属于总结性的问题。文章中的关键句子是：「いざ説明してやろうと思って、どうしてもうまく説明できず、自分ではわかっていると思っていたことが、じつはさっぱりわかっていなかった」，问题是询问发现了什么事，根据关键句说想要解释却怎么也解释不清楚，本以为自己知道的事情其实自己也不理解，由此可以推断出正确答案是2。在选项中：1只是事实，但不是作者发现的关键点；3不是文章的关键点，不能很好地解释的原因在于发现自己不理解这件事；4不是作者发现的问题。

其他选项分别是
1 小さな子供たちが不思議がっているもの。/小孩子觉得不可思议的事物。
3 自分がうまく説明してやれないということ。/自己不能很好地解释的事情。
4 子供たちが少しもわかっていないということ。/小孩一点都不知道的事情。

[59] 正确答案是2。

あまり本を読まない人が、本など読まなくてもいいと考えること。（不太读书的人觉得不读书也行。）

该题目属于解决关键词类问题。文章中的关键句子是：「本など読まなくてもいいのではないかと言うのは、たしかに腹が立つが、理解できないわけではない。」问题询问作者觉得什么是没有办法的，根据关键句可以看出作者的观点：说什么不读书也没什么之类的，虽然（让人听着就）生气，但也不是不能理解他们。在选项中：1前半句话的主语错误；3是颠倒了因果关系的句子；4是根据关键句当中的一部分断章取义，意思不完整。

其他选项分别是

1　本を読まない大学生でも、読書の必要性をよく理解していること。/就算是不读书的大学生，也能理解读书的必要性。

3　最近の大学生は本を読む習慣がないのでその喜びを知らないこと。/因为现在的大学生没有读书的习惯所以不知道读书的乐趣。

4　あまり本を読まない大学生が増えたことに腹が立つこと。/因为不太读书的大学生变多了而生气。

魔鬼训练

（一）

　　官能(注1)検査で「いい]、「悪い」を判断してもらうためには、一対(注2)比較法というのを用います。見かけはまったく同じで、実際には味の違うものを食べてもらうとか、同じようなケースに入れた香水の香りをかいでもらうとかです。この場合、二つの方法があります。

　　まず、第一の方法ではAとBを比較して、Bがよいといい、BとCを比較してCがよいといったとします。ここで（　①　）を比較したとき、（　②　）が（　③　）よりよければ問題がないのですが、Aの方がよいといったとすれば、判断の誤りがあるということになります。

（矢野宏「誤差を科学する」による）

（注1)官能:音、色、味、温度などを感しる働き。

（注2)一対:二つで一組になっているもの。

1 （　①　）（　②　）（　③　）には何が入るか、組み合わせとして適当なものを選びなさい。
　　1　①AとB ②A ③B　　　　　　　　　2　①AとB ②B ③A
　　3　①AとC ②A ③C　　　　　　　　　4　①AとC ②C ③A

（二）

　　「人生は楽しければそれでいい」というひとがいる。「生きがい (注1) がない人生に意味はない」というひともいるだろう。「どんなに苦しくても生き抜くことが大切」「義 (注2) のためには命もすてる」など、人の意見は様々だ。各人各様に人生をとらえているとき、ひとはすでにその人の哲学をいきている。

　　世の中にはあまりにも多様な (注3) 哲学があり、他人と議論してみるとそのことは如実 (注4) にわかる。そのようなとき、「それにしても本当のところはどうなっているのか」と考えはじめたとする。

　　ほんとうの哲学がはじまるのはそのときだ。

（貫成人「哲学マップ」による）

（注1）生きがい：生きる意味。

（注2）義：正しいとされること。

（注3）多様な：いろいろな。

（注4）如実：はっきり。

2 筆者の言う「ほんとうの哲学」とは、どうのようなものか。

　1　各人各様の哲学からさらに深く考えを進めたもの。

　2　他人の考えを知ることでだんだん見えてくるもの。

　3　各人各様の哲学についていろいろと議論したもの。

　4　他人の様々な意見をよく聞いてわかってくるもの。

（三）

　ナマケモノは一日中、木にぶら下がって、ゆっくりと動きながらららくくらくしている。睡眠時間は一日約20時間で、トイレはわずか8日に一回。その名のとおり、とてものんびりとした動物だ。おまけに、ぶら下がったままあまり動かないために、体毛には植物の一種であるソウ類が生えてしまっている。しかし。実はこのソウ類の緑色は森の中でに保護色 (注) になっている。また、あまり動かないことで、余分なエネルギーを使う必要もない。ナマケモノはただのナマケモノではない、とても合理的な生き方の動物なのだ。

（面白自然学会編『知ってなるほど！面白とリビア生物編』による）

（注）保護色：動物が敵に見つからないようにするための特色な体の色。

3 ナマケモノの「合理的な生き方」の説明として、適切なものはどれか。

　1　ナマケモノは体毛に生える緑色のソウ類を食べることで、自分が使うエネルギーを自分で作り出している。

　2　ナマケモノは木にぶら下がっているので、はやく動くことができず、そのためトイレ8日に一回しかない。

　3　ナマケモノはあまり動かないので、余分なエネルギーを使わない上、体毛にソウ類が生えて保護色になっている。

　4　ナマケモノは睡眠時間がとても長く、人間の怠け者そのもの名前をつけられるほど、ほとんど動こうとしない。

（四）

　「気のおけない人」とは、気を遣わ (注) なくてもよい相手、遠慮したりせずに気楽に付き合える人のことです。「おけない」という否定表現イメージからか、「気のおけない人」を、気を許せない人、油断できない相手と勘違いしている人がいますが、この場合の「気」とは、「気を遣う」の「気」と考えると、分かりやすくなります。つまり気を遣うことをしなくてよい相手ということになります。

（「そうだったのか日本語」『kadan』冬号 2007 による）

（注）気を遣う：「気を使う」と書くことある。

4 「気のおけない人」の例として適切なものはどれか。

1 話は硬くて付き合いにくい人。 2 話していて落ち着かない人。

3 いつでも礼儀正しく丁寧な人。 4 なんでも自由に話し会える人。

(五)

ふるさとや家族について、はじめて意識的に考えたのは18歳のときだった。つまり、家族と離れて、東京で一人暮らしをはじめたときである。

かなり重症(注1)のホームシック(注2)で、休みになるとすぐに帰省(注3)した。で、帰って何をするかというと、特別なことは何もない。

ふるさとは、帰ってみると、実になんでもないところである。そして、そのなんでもなさが、ふるさとの魅力なのだ、と思う。

あたりまえのことの大切さやありがたさに気づくためには、すこし離れて見るのがいい。ふるさとを離れると、ふるさとのよさが見えてくる。

(俵万智「101個目のレモン」による)

(注1)重症:病気が重いこと。

(注2)ホームシック:ふるさとを離れている者がふるさとを恋しく思う様子。

(注3)帰省:ふるさとに帰ること。

5 本文の要約として最も適当なものはどれか。

1 ふるさとから離れていると、都会にあるものがふるさとにはないことに気づくことがある。

2 ふるさとは都会から遠く離れていて、何もないように見えるが、よく探してみると、都会と同じような魅力がある。

3 ふるさとのように、あるのが当然だと思っているものの価値は、そこから少し距離を置くことでわかるようになる。

4 ふるさとで家族と暮らしていると、そのありがたさが意識できるので、なんでもない日常の生活の大切さがわかるようになる。

(六)

建物や部屋、家具などには直線が多く使われています。作りやすくむだが少ないことが、その理由です。しかし、直線には冷たい感じをあたえるという欠点もあります。

一方、曲線は、暖かい感じややわらかい感じをあたえるので、最近では、技術の進歩もあって、曲線を用いることも多くなってきました。

家でも、大きなまるいテーブルをひとつおくと、すわることのできる人の数もあまり制限をうけず、心理的にもやさしい感しをあたえます。

(家田重晴「すぐに役だつ保健シリーズ⑨健廉をささえる環境」による)

6 最近の建物や家具の作り方の傾向として、この文章の内容と合っているものはどれか。

1　作りやすさを考えて直線を使うことが多くなった。

2　暖かい感じがする大きいものを作るようになった。

3　やさしい感じをあたえる曲線を使うことが多くなった。

4　技術の進歩により直線と曲腺を混ぜて作るようになった。

（七）

子供が勉強しないでゲームがかり。親のあなたはどうしますか。きっと怒るでしょうね。

「遊んでないで勉強しなさい」

でも、それでも子供が勉強しなかったら、あなたはもっともっと大きい声でこう言うでしょう。

「勉強しろって言っているのが聞こえないのか！」

しかし、それでいいのでしょうか。

実は、子供が勉強しないから怒るというのは問題なのです。というのは、子供はあなたに怒られないように、ある程度は勉強してみせるようになるからです。それは、勉強とはいえないのではないでしょうか。

そしてもう一つ。あるフランスの哲学者は次のように述べています。

「我々は怒り (注1) のために手をあげる (注2) のではない。手をあげたいことによって怒りが倍になるのである」この「手をあげる」を「大声で怒鳴る」に置き換えれば、もう一つの問題点はお分かりになるでしょう。

（注1）怒り：怒ること。

（注2）手をあげる：ここでは、たたいたり、なぐったりする。

7 著者の言う「もう一つの問題点」とは何か。

1　大声で怒鳴ると、子供は負けずに大声で言い返す。

2　大声で怒鳴ったことで、ますます子供を怒りたくなる。

3　大声で怒鳴ることで、子供は反抗して言うことを聞かなくなる。

4　大声で怒鳴っても、子供のゲームをしたいという気持ちは消さない。

（八）

今やモノ持ちは自慢にならず、家の中がごたごたとモノにあふれている様子は、賢い暮らし方をしていない証明にもなったりする。

こうして人々の関心は、モノを買ったり所有することから、スポーツや外食などを「するコト」に向かう。つまり体験とかカネを使うことに、より大きな価値を見い出

す。目に見えるものから目に見えないものへ、あとに残るものからその場で消えるものへ関心が移っていく。ただし、楽しいことやいい気分にさせてくれるコトに限る。

実際のところ、たとえば豪華なインテリアや家具、ブランド物の衣服よりも、海外旅行やオペラ鑑賞のほうがリッチだと思う人はふえている。

（栗田房穂「『遊び』の経済学」朝日新聞社による）

8 この文章の内容と合わないものはどれか。

1 モノを買うより楽しい体験に喜びを感じる人がふえている。

2 モノをたくさん所有することを自慢する人が少なくなっている。

3 モノが家にたくさんあるので、カネを使うことへの関心がなくなっている。

4 モノを買ってモノを所有する喜びが薄れてきている。

（九）

教えられたことをおぼえるだけなら、電子計算機みんな覚えちゃうよ。よくおぼえたものは成績がいいなんて、コケなこと（注1）だな。学校の成績がいいやつで、仕事のできないやつがたくさんいるんでね、おかしいと思って、医務室へいってきいたんです。脳の構造はね、考えるところが大脳で、運動神経を扱っているのが小脳。ものをおぼえるところ、電子計算機のコンピュータの役目のところは、どのくらいの大きさだっていったら、この脳のなかで親指ぐらいのものだそうだ。してみると、親指ぐらいのものが成熟したか、せんかで、成績がいい、悪いなんて答えを出すのは僭越（注2）だね。今の学校はその答えを出して人間の一生を左右しちまう（注3）。

（本田宗一郎　『本田宗一郎「一日一話」』PHP文庫による）

（注1）コケなこと：馬鹿なこと。

（注2）僭越：自分の力や権限を越えたこと。

（注3）しちまう：してしまう。

9 この文章で筆者が言いたいことは何か。

1 人間の脳はおぼえるだけの電子計算機に比べてはるかにすばらしい。

2 仕事ができるかどうかは脳のどの部分で考えているかによる。

3 脳のなかで重要な働きをする部分は意外に小さい。

4 おぼえることだけを重視した現在の学校教育のあり方はおかしい。

（十）

　　ボクの答えは、比較的すんなりと出てきた。他人や社会のために、どれだけのことができるのか。まわりの人に、どれだけ優しく生きられるのか。どれだけ多くの人とわかり合えるのか。どれもむずかしいことではあるけれど、これが実践できれば、ボクの人生は幸せだったと胸を張れる気がする。ただ、どれを目指すにしても、絶対に譲れない大前提があった。それは、「自分を最も大切にしながら」というものだ。

　　すると今度は、「大切にすべき自分」とは、一体、何者なんだろうということになる。「人間は、なぜ生きているのだろうか」などと、哲学者のようなむずかしいことまで考えなかったが、あらためて、自分とはどういった人間なのだろうかと考えさせられた。

（乙武洋匡「五体不満足」講談社による）

10 文章には「答え」とあるが、どんな問いに対する答えだと思われるか。合わないものはどれか。

1　どのような人間になりたいのか。
2　なぜ目指すものがないのか。
3　どう生きていくのか。
4　何を最も大切にして生きるのか。

（十一）

　　自分の意図や気持ちが他者に100パーセント伝わらないことは、私たちが日常生活の中でよく経験することだ。たとえば「狼が来た」と2回ウソをついてしまったため、本当に狼が来た時、そう言っても誰も信じてくれなかったというオオカミ少年の話は、2回ウソをついたから3回目もウソだろうと、聞き側が先入観をもってしまったため、少年の発言内容が無視されてしまうものであり、話し手や聞き手が相手に対する先入観をもってしまうと、コミュニケーションが著しくゆがめられてしまうことを示している。

（友枝敏雄・他「社会学のエッセンス」有斐閣による）

11 この文章には「聞く側が先入観をもってしまった」とあるが、この場合どんなことか。

1　少年がまたウソをついていると思った。
2　少年を無視しようと思った。
3　少年に2回もウソをつかれたと思った。
4　本当に狼が来たと思った。

（十二）

　　メールといっても、携帯電話で打つのとパソコンで送るのでは、自然に文章が違ってくる。

　　パソコンの場合は、長々と心情を語ることも可能だし、依頼したいことを丁寧に説明することもできる。その点は手紙と似ている。

　　だが、携帯メールは別世界。文章は短く、絵文字、顔文字も多用できるので、すこぶる表層的である。

　　（中略）

　　確かに、覚悟を持って何かを人に伝えなければならない時、携帯メールは不向きに違いないが、人の心の濃淡は複雑である。

　　かえって、軽くて表層的なメールから、送信者と受信者の距離が見えてくる場合もあるし、さらりとした短い文章から、送り手の孤独が推測できることもある。

　　また、受信者への真摯な気持ちが隠れ潜んでいる、ということもなきにしもあらず、である。それを読み取るのはミステリアスで面白い。

　　　　　　（藤田宜永「メールはミステリアス」週刊文春2002年7月18日号による）

12 この文章で筆者が述べていることと一致するものはどれですか。

　1　携帯メールは依頼したいことを丁寧に説明することができる。

　2　携帯メールは絵文字、顔文字が多いので、心情が語りやすい。

　3　携帯メールの文章は軽くて表層的なために、送信者の感じている孤独を伝えにくい。

　4　携帯メールは文章が短いために、かえって正直な気持ちが伝えられることもある。

（十三）

　　小さな島で育った私は、海には慣れていたが、カヌーやヨットは初めての体験だった。

　　今回の研修では、ヨットで使う道具の名前からして覚えるのに苦労した。乗り方も失敗を繰り返しながら、最近やっと要領がわかってきた。

　　マリンスポーツは、人間を成長させてくれる格好の道具だと思うし、その指導者になれたら、それは私にとってとてもやりがいのある仕事だと思っている。海洋センターでの研修を終えて、自分の進路を確信した。

13 筆者はマリンスポーツをどんなものだと思っているか。

　1　ヨットとカヌーが道具になるものだと思っている。

　2　使う道具の名前が難しいものだと思っている。

　3　精神的に成長するのに役立つものだと思っている。

　4　失敗を繰り返すものだと思っている。

（十四）

　現在世界では、高価な薬を手に入れることができずに大勢の人が死亡している。

　言うまでもなく、製薬会社からすれば、お金をかけて研究して作り出した薬の値段を決定する権利はあるだろう。彼らは「もし、新薬の価格を決めることができなくなれば、新しい薬を作るのは、損だという考えが広がり、人類全体にとっては大きなマイナスである。」とも主張している。

　しかし、それが人間の命にかかわるものであれば、医薬品の価格を下げないのは許される行為ではないのではないか。

14　「大きなマイナスである」とあるが、どんなことがマイナスなのか。
　1　製薬会社が新薬の値段を決定すること。
　2　新薬の研究にお金をたくさんかけること。
　3　製薬会社が新薬の研究に消極的になること。
　4　薬が買えずに大勢の人が亡くなっていること。

（十五）

　ある栄養士養成学校の学生を対象に行った調査によると、同じ料理を食べたときに、1年生よりも2年生のほうが味付けが濃いと感じる割合が多かったそうだ。栄養学を学ぶにしたがって、塩分の問題が意識されてくるからかもしれない。

　味覚は生活習慣によって影響を受けやすいものだ。家庭での食事が濃い味付けであれば、薄味の料理はおいしくないと感じるようになる。激辛ブームのときには、日本人の味を識別する感覚は鈍くなっていたかもしれない。健康のためにもなるべく薄味に慣れて、味に対する感覚を鋭くしていきたいものだ。そのためには、食物を味わって食べる習慣をつけることも大切なことの一つである。

15　この文章の内容と最も合っているものはどれか。
　1　薄味に慣れることと意識することで味覚は鋭くなる。
　2　日本の家庭料理は濃い味付けなので、おいしくない。
　3　薄味に慣れると、味覚は鈍くなる。
　4　生活習慣を変えても味覚は変わらない。

（十六）

　頭痛がしたり咳が出たりして、ちょっとかぜ気味だなと思ったときに、薬局でかぜ薬を買う人は多いが、わざわざ病院へ行く人は少ないのではなかろうか。しかし、そんなときでも病院にいったほうが得なのである。というのも、薬局で販売している薬には

消費税がかかっているが、病院でもらう医療用薬品にはかからないからだ。また保険の関係で自分で支払う分も少なくてすむ。さらに薬そのものについて言うならば、医療用薬品に含まれる有効成分は、薬局で買う薬に比べて倍以上であるケースが多く、よく効く。しかしながら、私の場合、特に大きな病院になるとそうなのだが、あの長い待ち時間を考えると、どうしても薬局でかぜ薬を買うことのほうが多くなる。

16 「病院にいったほうが得なのである」とあるが、なぜか。

1　薬局の薬は効果がないから。

2　病院の薬のほうが税金が安いから。

3　病院の薬はお金を払わなくてすむから。

4　薬局の薬には消費税がかかるが、病院の薬にはかからないから。

（十七）

日の出、日の入りは太陽の上のヘリ (注1) が地平線にかかった瞬間をいうことは比較的よく知られています。

つまり、日の出とは太陽の上のヘリが地平線に顔をのぞかせた (注2) 瞬間、日の入りとは太陽の上のヘリが地平線に沈んで、太陽がまったく見えなくなった瞬間です。

このことから類推して (注3)、月の出、月の入りも同じように決められているのだろうと思っている人が多いようですが、月の場合は違います。

月の出、月の入りとは、月の中心が地平線にかかった瞬間をいうのです。

では、なぜ月の場合は太陽と違う基準を採用して (注4) いるのでしょうか。

そのわけは、月には満ち欠けの現象があるからです。上のヘリと決めたのでは、三日月のときなど観測が難しくなります。月の中心でしたら、三日月の場合でも、弧 (注5) の一部から円の中心を求めるのと同じで、すぐにわかります。

（日本社『つい誰かに話したくなる雑学の本』講談社による）

（注1）ヘリ：ふち・はし。

（注2）顔をのぞかせる：一部分が見える。

（注3）類推する：すでにわかっていることをもとに、他のことについて判断する。

（注4）採用する：選んで使う。

（注5）弧：円周の一部分。

17 月の場合に、太陽と違う基準を採用しているのはなぜか。

1　月は太陽と違って中心が移動するから。

2　月は太陽と違ってその形が変わるから。

3　月は太陽と違って観測する時間が変わるから。

4　月は太陽と違ってヘリとする位置が動かないから。

（十八）

　1920年にインドの森のなかで、オオカミに育てられたと思われる人間の子供が2人発見された。人間として生まれながら、生後すぐにオオカミのなかで育ったために、性質や行動のしかたはオオカミそっくりだったといわれている。この子供たちは、きわめて不幸な例であり、ふつう子供は順調に人間として成長する。それは、人間社会に育ち、人間としての生活のしかたを学び取りながら成長するからである。この人間らしい生活のしかたが文化であるが、文化の意味をさらに詳しく知るために、人間を他の動物から区別する基本的な点を考えてみよう。

（宇沢弘文・他「人間と動物」『現代社会』東京書籍による）

13　文章で下線をひいた「この子供たちは、きわめて不幸な例」とは、なぜか。

1　人間として生まれたのに、人間らしく育たなかったから。

2　人間として生まれたのに、オオカミそっくりだったから。

3　生まれたのに、すぐ死んでしまったから。

4　オオカミの社会で生まれ、オオカミの社会で成長したから。

（十九）

　テレビの名司会者はインタビューによって相手のゲスト(注1)からいろいろおもしろい話を引き出すことができるので感心するのですが、素人が司会をしてもこうはうまくいかないでしょう。型どおりの挨拶くらいはできるとしても、内容のある深い話を聞き出してゲストの持ち味(注2)をうまく生かすことは大変難しいことです。それには司会者としての特殊なタレント性(注3)が必要なようです。

（池田央『テストの科学』日本文化化学社による）

（注1）ゲスト：ここでは「番組に招待された人」の意味。

（注2）持ち味：その人の持っている独特のよさ。

（注3）タレント性：才能。

17　名司会者とはどのような人か。

1　いろいろなおもしろい話ができる人。

2　ゲストのよいところを引き出せる人。

3　ゲストが楽しむ話を引き出せる人。

4　深くて内容のある挨拶ができる人。

（二十）

　人が所有して (注1) いる働く能力を、（　①　）能力、（　②　）能力、概念化能力、
（　③　）能力の四種類で説明する考え方があります。

　（　①　）能力とは、ものをつくったり販売したり、サービスをする場合の業務を果
たす (注2) 能力のことです。（　②　）能力は、ドラッカー (注3) のいう「他の人間ととも
に働く能力」のことです。概念化能力とは、物事の論理を言葉に換える能力のことと考
えればいいでしょう。そして（　③　）能力とは、（　①　）能力、（　②　）能力、
概念化能力を情報してまとめ、システム (注4) に仕上げて他人に伝えやすく、検証し (注5)
やすいように変える能力のことです。

（森清『会社で働くということ』岩波書店による）

（注1）所有する：持つ。

（注2）業務を果たす：仕事をきちんとやる。

（注3）ドラッカー：アメリカの経営学者。

（注4）システム：組織、体系。

（注5）検証する：実際に調べて確認する。

20　（　①　）から（　③　）に入る適当な言葉はどれか。

1　①人間対応　　　②情報化　　　③技術

2　①情報化　　　②人間対応　　　③技術

3　①技術　　　②人間対応　　　③情報化

4　①技術　　　②情報化　　　③人間対応

1 正确答案是4。

①AとC　②C　③A。（①A和C　②C　③A。）

该题目属于总结性的问题。文章中的关键句子是：「まず、第一の方法ではAとBを比較して、Bがよいといい、BとCを比較してCがよいといったとします。ここで（①）を比較したとき、（②）が（③）よりよければ問題がないのですが、Aの方がよいといったとすれば、判断の誤りがあるということになります。」根据关键句可知，一种方法是假设A和B做比较B好，B又和C做比较C好，这里A和C比较，如果C比A好就没有问题，当时如果A好的话，就会出现判断的失误，由此可以推断出正确答案是4。其他选项都不符合文章的意思。

2 正确答案是1。

各人各様の哲学からさらに深く考えを進めたもの。（从不同的人不同的哲学角度更进一步深入考虑的事情。）

该题目属于总结性的问题。文章中的关键句子是：「世の中にはあまりにも多様な哲学があり、他人と議論してみるとそのことは如実にわかる。そのようなとき、『それにしても本当のところはどうなっているのか』と考えはじめたとする。」问题是询问真正的哲学是什么东西，根据关键句说世上有多种哲学，在与他人讨论的时候就会真正明白，那时候才开始考虑事实到底是什么，由此可以推断出正确答案是1。在选项中：2文章没有说想法的问题，而是哲学的问题；3这是个手段，不是哲学真正的含义；4文章没说他人意见的事，而是说哲学的问题。

其他选项分别是
2　他人の考えを知ることでだんだん見えてくるもの。/通过了解别人的想法慢慢发现的事物。

3　各人各様の哲学についていろいろと議論したもの。/针对每个人的哲学看法进行种种讨论。

4　他人の様々な意見をよく聞いてわかってくるもの。/认真听取别人的各种意见而明白的事情。

[3] 正确答案是3。

ナマケモノはあまり動かないので、余分なエネルギーを使わない上、体毛にソウ類が生えて保護色になっている。（树懒几乎不动，所以不消耗多余的能量，并且体毛中生长出草类成为保护色。）

该题目属于总结性的问题。文章中的关键句子是：「実はこのソウ類の緑色は森の中では（注）保護色になっている。また、あまり動かないことで、余分なエネルギーを使う必要もない。」根据关键句说实际上这种草类在森林中形成保护色，还因为他几乎不动，所以不会消耗多余的能量，由此可以推断出正确答案是3。在选项中：1文中没有说树懒靠吃草类来产生能量，而是说它因为不活动不消耗能量；2这个不是懒虫合理生存方式的真正原因；4解释同2。

其他选项分别是　1　ナマケモノは体毛に生える緑色のソウ類を食べることで、自分が使うエネルギーを自分で作り出している。/树懒通过吃体毛中生长出的绿色草类产生能量。

　　2　ナマケモノは木にぶら下がっているので、はやく動くことができず、そのためトイレ8日に一回しかない。/树懒吊在树上，不能快速活动，所以八天只上一次厕所。

　　4　ナマケモノは睡眠時間がとても長く、人間の怠け者そのもの名前をつけられるほど、ほとんど動こうとしない。/树懒睡觉时间很长，就像人类的懒虫一样几乎不活动。

[4] 正确答案是4。

なんでも自由に話し会える人。（无论什么事都可以互相随心畅谈的人。）

该题目属于关键词理解类的问题。文章中的关键句子是：「気を遣わなくてもよい相手、遠慮したりせずに気楽に付き合える人のことです。」关键句是指不用费心就可以融洽愉快相处的对象，由此可以推断出正确答案是4。其他选项文中都没有提及，与文章内容不符。

其他选项分别是　1　話は硬くて付き合いにくい人。/说话生硬不容易交往的人。

　　2　話していて落ち着かない人。/说话不冷静的人。

　　3　いつでも礼儀正しく丁寧な人。/无论何时都很有礼貌的人。

[5] 正确答案是3。

ふるさとのように、あるのが当然だと思っているものの価値は、そこから少し距離を置くことでわかるようになる。（像对家乡那样认为理所当然存在的东西的价值是需要稍微有一点距离之后才能够体会的。）

该题目属于总结性的问题。文章中的关键句子是：「あたりまえのことの大切さやありがたさに気づくためには、すこし離れて見るのがいい。」问题是询问最符合文章的一项。根据关键句推测出文章最想说的是所有的东西而不是专指一项，由此可以推断出正确答案。在选项中：1、2、4都是就论据的句子进行说明，而没有扩展到整个论点上。

其他选项分别是

1　ふるさとから離れていると、都会にあるものがふるさとにはないことに気づくことがある。/离开家乡之后，感受到都市里有的东西家乡没有。

2　ふるさとは都会から遠く離れていて、何もないように見えるが、よく探してみると、都会と同じような魅力がある。/家乡离城市很远，看起来好像是什么都没有，但是仔细搜索一下会发现和城市有同样的魅力。

4　ふるさとで家族と暮らしていると、そのありがたさが意識できるので、なんでもない日常の生活の大切さがわかるようになる。/在家乡和亲人们一起生活，因为能意识到这一点的难得，逐渐明白了无所谓的日常生活的可贵。

6　正确答案是3。

やさしい感じをあたえる曲線を使うことが多くなった。（大量使用了有柔和感的曲线。）

该题目属于总结性的问题。文章中的关键句子是：「最近では、技術の進歩もあって、曲線を用いることも多くなってきました。」问题是询问最符合条件的一项，根据关键句推测曲线的使用是新的设计倾向，由此可以推断出正确答案。在选项中：1所说的是过去设计的特点；2在文章当中没有体现；4新的倾向当中没有直线设计的理念。

其他选项分别是

1　作りやすさを考えて直線を使うことが多くなった。/考虑到易于制作的原因，大量使用直线造型。

2　暖かい感じがする大きいものを作るようになった。/开始制作让人感到温暖的大件物品。

4　技術の進歩により直線と曲腺を混ぜて作るようになった。/因为技术的进步开始使用直线和曲线混合的设计。

7　正确答案是2。

大声で怒鳴ったことで、ますます子供を怒りたくなる。（越大声训斥孩子，越生孩子的气。）

该题目属于重点理解类的问题。文章中的关键句子是：「『我々は怒りのために手をあげるのではない。手をあげたいことによって怒りが倍になるのである』この『手をあ

げる』を『大声で怒鳴る』に置き換えれば、もう一つの問題点はお分かりになるでしょう。」问题询问另一个问题是什么，根据关键句说我们因为生气所以想动手，因为想打孩子所以怒气倍增，如果动手打换成大声斥责，就会导致另一个问题，也就是会变得更生气，由此可以推断出正确答案是2。在选项中：1文中没有提及孩子会反驳；3文中没有提及孩子会不听话；4不是真正的问题点。

其他选项分别是　1　大声で怒鳴ると、子供は負けずに大声で言い返す。/一大声训斥孩子，孩子就会更大声地反驳。

　　　　　　　　3　大声で怒鳴ることで、子供は反抗して言うことを聞かなくなる。/大声训斥孩子，孩子会反抗不听你的话。

　　　　　　　　4　大声で怒鳴っても、子供のゲームをしたいという気持ちは消さない。/即使大声训斥，也不会削除孩子想玩游戏的念头。

8　正确答案是3。

　　モノが家にたくさんあるので、カネを使うことへの関心がなくなっている。（因为家里有很多东西，花钱的兴趣就没有了。）

　　该题目属于总结性问题，解答该类题型时需要通篇把握文章的整体，了解文章大意，然后逐个对照选项进行解答。尤其该题希望选择出与文章内容不符的选项，最好先看选项内容再带着选项回文章中找是否有对应的句子。在选项中：1的内容可以在文章中的第二段中找到，即「つまり体験とかカネを使うことに、より大きな価値を見い出す。…ただし、楽しいことやいい気分にさせてくれるコトに限る」；2和4的内容基本叙述的是同一件事，而且文章中的「目に見えるものから目に見えないものへ、あとに残るものからその場で消えるものへ関心が移っていく」也进行了佐证。

其他选项分别是　1　モノを買うより楽しい体験に喜びを感じる人がふえている。/通过买东西，从愉快的体验中感到快乐的人逐渐增加。

　　　　　　　　2　モノをたくさん所有することを自慢する人が少なくなっている。/以拥有很多东西而骄傲的人逐渐减少。

　　　　　　　　4　モノを買ってモノを所有する喜びが薄れてきている。/购物带来的快乐变得薄弱起来。

9　正确答案是4。

　　おぼえることだけを重視した現在の学校教育のあり方はおかしい。（现在只重视背诵记忆的学校的做法有点怪异。）

　　该题目属于总结性问题，解答该类题型时可以先看选项，然后带着选项阅读文章。在选项中：1的内容文章中仅提及"如果仅是将学到的东西背诵下来，那和计算机无异"，而并未提及人脑与计算机二者之间孰强孰弱；2的内容文章中并未提及对于能否胜任工作

一事，文章中仅提到"成绩很好却不能胜任工作的人有很多"；3的内容与文章描述内容略有出入，文章中讲到"负责记忆的部分在脑中仅有拇指大小"，并未提及该部分是否是重要的。

其他选项分别是

1　人間の脳はおぼえるだけの電子計算機に比べてはるかにすばらしい。/人类的大脑和仅仅记忆的电子计算机相比优秀得多。

2　仕事ができるかどうかは脳のどの部分で考えているかによる。/是否能够胜任工作是由大脑的哪一部分思考来决定的。

3　脳のなかで重要な働きをする部分は意外に小さい。/大脑中起重要作用的部分竟然小得令人意外。

10 正确答案是2。

なぜ目指すものがないのか。（为什么没有目标呢。）

该题目属于关键词理解类问题。但是解答该题时需要通篇阅读文章内容，掌握作者所要"解答"的问题是什么。解答该题可以用到排除法，选项2的内容与文章内容相悖，文章中的表述是「どれを目指すにしても」，即作者所表达的是有目标的，只是目标有多个而已。

其他选项分别是

1　どのような人間になりたいのか。/想成为什么样的人。

3　どう生きていくのか。/想怎么生存。

4　何を最も大切にして生きるのか。/最珍惜什么来生存呢。

11 正确答案是1。

少年がまたウソをついていると思った。（认为少年又在撒谎了。）

该题目属于关键句子理解类问题。解答该类题型时，需要重点注意关键句子的前后句。该题的解题关键是：「2回ウソをついたから3回目もウソだろうと、聞き側が先入観をもってしまったため、少年の発言内容が無視されてしまう」。因为少年已经撒了两次谎，估计第三次也是撒谎，听话一方因为有了这样的先入为主的观念，所以就忽视了少年所说的内容。在选项中：2的内容文中并未描述；3的内容与文章内容相悖；4的内容也与文章内容相悖。

其他选项分别是

2　少年を無視しようと思った。/打算忽视少年。

3　少年に2回もウソをつかれたと思った。/认为已经对少年撒了两次谎了。

4　本当に狼が来たと思った。/认为狼真的来了。

12　正确答案是4。

携帯メールは文章が短いために、かえって正直な気持ちが伝えられることもある。（因为手机短信的篇幅短小，反而能够直接表达所要表达的心情。）

该题目属于综合理解类问题。解答该题的关键是通篇掌握文章大意并与选项内容做比较。与正确答案4的内容相符的文中的句子是：「軽くて表層的なメールから、送信者と受信者の距離が見えてくる場合もあるし、さらりとした短い文章から、送り手の孤独が推測できることもある。」即："有时可以从简短的内容中看到发信人与收信人的亲疏远近，也可以从简短的内容中读到发信人的孤独。"在选项中：1所表达的前后内容相悖，后项主要是对电子邮件的叙述；2内容中的"容易诉说心情"文章中并未提及；3与文章表达内容相悖。

其他选项分别是　　1　携帯メールは依頼したいことを丁寧に説明することができる。/电话短信能够将想要拜托对方的事情礼貌细致地进行说明。

2　携帯メールは絵文字、顔文字が多いので、心情が語りやすい。/电话短信因为有很多图形文字、笑脸符号等，很容易表达心情。

3　携帯メールの文章は軽くて表層的なために、送信者の感じている孤独を伝えにくい。/因为电话短信的篇章是简单表面化的，因此很难将发信人感受到的孤独很好地转达。

13　正确答案是3。

精神的に成長するのに役立つものだと思っている。（认为对精神的成长是有帮助的。）

该题目属于综合理解类问题。解答该题的关键句子是：「マリンスポーツは、人間を成長させてくれる格好の道具だと思うし、その指導者になれたら、それは私にとってとてもやりがいのある仕事だと思っている。海洋センターでの研修を終えて、自分の進路を確信した。」从该句中可以看出，作者认为海上运动是使人成长的很好的道具，如果成为海上运动的教练更是有意义的工作。

其他选项分别是　　1　ヨットとカヌーが道具になるものだと思っている。/认为快艇和皮划艇可以成为工具。

2　使う道具の名前が難しいものだと思っている。/认为所使用的道具的名字很难。

4　失敗を繰り返すものだと思っている。/认为是不断重复失败的过程。

4 正确答案是3。

製薬会社が新薬の研究に消極的になること。（制药公司对研制新药变得消极。）

该题目属于关键句子理解类问题。解答该题的关键句子是：「もし、新薬の価格を決めることができなくなれば、新しい薬を作るのは、損だという考えが広がり、人類全体にとっては大きなマイナスである。」从该句子中可以看出，如果新药的价格不由研发公司制定的话，那么制药公司会觉得研发新药是吃亏的事，如果这种想法不断膨胀的话，对人类来讲就是不利的了。在选项中：1的内容是当前的趋势；2的内容是对客观事实的描述，并非该题的正确答案；4的内容文章中并未涉及。

其他选项分别是
1　製薬会社が新薬の値段を決定すること。/制药公司制定新药的价格。
2　新薬の研究にお金をたくさんかけること。/在研制新药上投入大量资金。
4　薬が買えずに大勢の人が亡くなっていること。/不能买药很多人死亡。

5 正确答案是1。

薄味に慣れることと意識することで味覚は鋭くなる。（习惯和注意清淡口味（日常生活中盐分的摄取）会使味觉变得敏锐。）

该题目属于综合理解类问题。解答该类题型时，可以先阅读选项内容然后带着选项内容阅读短文。该题的正确答案1的内容可以在文章中找到，即「健康のためにもなるべく薄味に慣れて、味に対する感覚を鋭くしていきたいものだ。」在选项中：2的内容是对文章内容的误解，文章中表述的是"如果家庭中的饭菜口味比较重的话，吃到清淡口味的饭菜时会觉得不好吃"；3和4的内容本身叙述有误。

其他选项分别是
2　日本の家庭料理は濃い味付けなので、おいしくない。/因为日本的家庭饭菜口味很重，所以不好吃。
3　薄味に慣れると、味覚は鈍くなる。/如果习惯了清淡口味，味觉就会变得不敏感。
4　生活習慣を変えても味覚は変わらない。/就算改变了生活习惯，味觉也不会改变。

6 正确答案是4。

薬局の薬には消費税がかかるが、病院の薬にはかからないから。（因为药店的药需要支付消费税而医院的药不需要支付。）

该题目属于关键句子理解类问题，解答该题的关键句子是画线句子后面的「というのも、薬局で販売している薬には消費税がかかっているが、病院でもらう医療用薬品には

かからないからだ」，其原因就是在药店销售的药品需要缴纳消费税，而从医院购买的治病的药品是不需要缴纳消费税的。在选项中：1的内容属于对文章内容的误读，文章中提到的是医院的药比药店的药效果好而非药店的药没有效果；2同样也是误读，文章中所提到的是不需要支付税金而非支付的少；3同样也是误读，文章中提到的是因为保险的关系会少支付一部分而非完全不支付。

其他选项分别是　1　薬局の薬は効果がないから。/药店的药没有效果。
　　　　　　　　2　病院の薬のほうが税金が安いから。/医院的药的税金便宜。
　　　　　　　　3　病院の薬はお金を払わなくてすむから。/医院的药不花钱。

17 正确答案是2。
　　月は太陽と違ってその形が変わるから。（因为月亮与太阳不同形状会发生改变。）
　　该题目属于总结性的问题。文章中的关键句子是：「そのわけは、月には満ち欠けの現象があるからです。」根据关键句说明月亮有圆缺变化，可以推断出正确答案是形状上的变化。在选项中：1和4说的是位置的变化；3说的是时间的变化，都不是关键句中所说的圆缺。

其他选项分别是　1　月は太陽と違って中心が移動するから。/月亮和太阳不同，它的中心是在移动的。
　　　　　　　　3　月は太陽と違って観測する時間が変わるから。/月亮和太阳不同，观测时间是变化的。
　　　　　　　　4　月は太陽と違ってヘリとする位置が動かないから。/月亮和太阳不同，边缘的位置不变。

18 正确答案是1。
　　人間として生まれたのに、人間らしく育たなかったから。（因为作为人被生下来却没有像人那样长大。）
　　该题目属于关键句子理解类问题。解答该题的关键句子是：「ふつう子供は順調に人間として成長する。それは、人間社会に育ち、人間としての生活のしかたを学び取りながら成長するからである」，即普通的孩子应该是作为人类成长的。在人类社会长大，学习作为人类的生活方式。在选项中：2的内容属于对文章的误读，文章中提到的是行动等和狼是一样的，并非所有都和狼一样；3的内容文章中并未提及；4的内容与文章内容相悖。

其他选项分别是　2　人間として生まれたのに、オオカミそっくりだったから。/作为人被生下来，却和狼一模一样。
　　　　　　　　3　生まれたのに、すぐ死んでしまったから。/被生下来了却马上死掉了。
　　　　　　　　4　オオカミの社会で生まれ、オオカミの社会で成長したから。/在狼的社会出生，在狼的社会长大。

19 正确答案是2。

ゲストのよいところを引き出せる人。（能很好地引导嘉宾的人。）

该题目属于关键词解释的问题。文章中的关键句子是：「型どおりの挨拶くらいはできるとしても、内容のある深い話を聞き出してゲストの持ち味をうまく生かすことは大変難しいことです。」问题中是关于什么样的主持人是好主持人这一问题的理解。根据关键句中的说明可以推断出正确答案。在选项中：1和3只是陈列了表象论据，没有涉及到本质的论点，所以这两个选项均不正确；4在文章中并没有提及。

其他选项分别是

1 いろいろなおもしろい話ができる人。/说话有意思的人。

3 ゲストが楽しむ話を引き出せる人。/能诱发嘉宾说有意思的话的人。

4 深くて内容のある挨拶ができる人。/能够发表内涵深刻的致辞人。

20 正确答案是3。

①技術 ②情報化 ③人間対応（①技术 ②信息化 ③待人接物）。

该题目属于关键词填空的问题。文章中的解题关键在于每个括号后面的解释。根据关键句中的说明可以推断出正确答案。（这种类型的题目在新题型当中尚未出现，但并没有明确说明不考查。）

模拟考场

限时：12分钟

問題10　次の（1）から（5）の文章を読んで、後の問いに対する答えとして最もよい
　　　　ものを、1・2・3・4から一つ選びなさい。

（1）

　先日は、旅行の直前に風邪をひいてしまい、大変失礼しました。みなさまからいただいた絵はがきに旅行の楽しいようすが書いてあり、あらためて、参加できなかったことを残念に思いました。

　先月、「旅行に一緒に行きませんか」とさそってくださったとき、とてもうれしくて、いろいろ準備をしていたのですが、旅行の前日からせきがとまらなくなってしまいました。頭が痛いわけでも、熱があるわけでもなかったのですが、みなさまにご迷惑をおかけしてはいけないと思い、ご一緒するのを遠慮させていただきました。急なことで、本当に申し訳ございませんでした。今度はぜひ行きたいと思っておりますので、またおさそいくださいませ。どうぞよろしくお願いします。

[55]　この手紙を書いた人のことを正しく説明している文はどれか。
　　1　風邪をひいて頭も痛いし熱もあったため、旅行に参加できず、申し訳ないと
　　　　思っている。
　　2　頭痛も熱もなかったが、みんなに迷惑をかけてはいけないと思い、旅行に参加
　　　　しなかった。
　　3　旅行に参加したとき、頭痛と高熱のためにみんなに迷惑をかけ、申し訳なく
　　　　思っている。
　　4　風邪をひいて迷惑をかけてしまうのではないかと思っが、遠慮しながら旅行に
　　　　参加した。

（2）
　ぼくは、こどもの頃（ころ）から、たいへん、ひとみしりをする質（たち）（注1）で、ひと前に出るよりは、ひとりきりで（注2）いた方がいい。学校の教室などでも、ハイ、ハイと手を上げて、

われ先に (注3) 自分の意見を言える子たちを見ても、ぼくにはとてもあんなふうには真似できない。だから、自分のことを、なかなか他人に伝えたり、分かってもらえなくて、悲しい思いや、傷ついたりすることも多く、ああ、なんて、ぼくはそんな性格に生まれついたんだろう、と我が身が腹立たしく、くやしく思ったことも一度ならずあった。

（大林宣彦『きみが、そこにいる』　PHP研究所による）

（注1）質：性質、性格。

（注2）ひとりきりで：ひとりだけで。

（注3）われ先に：ほかの人より自分が先になって。

55　「ひとみしりをする質」とあるが、どんな性格か。

1　大勢の人の前で積極的に意見が言える性格。

2　人の真似が上手にできなくてくやしがる性格。

3　思っていることを他人に伝えるのが苦手な性格。

4　すぐに腹を立てて、人を傷ついてしまう性格。

(3)

日本人は、水をめぐって古くから争ってきた。日本に比較的雨が多い国なので、水には不自由していないはずである。しかし、日本の川は流れが速くて利用が難しく、地下水が出るところも限られているため、水を得るには大変な苦労が必要であった。水がないために、米はもちろん、作物さえもほとんど作れない地方もあったのである。この事情は、基本的には現在も変わっていない。大きな川がない市や町では、となりの市や町に、金を払って水道の水を分けてもらっている。そのため、住む場所によって、水道料金には大きな開きが見られる。

57　「この事情は、基本的には現在も変わっていない」とあるが、この事情とはどのようなことか。

1　水を得るためにしばしば争いが起きるということ。

2　日本は雨が多い国なので水が豊かであるということ。

3　水を手に入れるのは簡単なことではないということ。

4　水が不足していて米や作物を作れないということ。

(4)

昔、モンシロチョウ (注1) で実験してみたことがある。ケージ (注2) の地面にいろいろな色の大きな紙を敷き、チョウがどの色の紙の上をよく飛ぶかを調べたのだ。やはり緑色の紙の上を、もっとも好んで飛ぶようであった。なるほど、チョウは緑色であれば紙でもいいのだな、とぼくは思った。

けれどこれは、チョウチョにはたいへん失礼な思いちがいであった。ほんものの草を植えた植木鉢_{ばち}をたくさん並べたら、チョウは緑色の紙など見向きもせず、ほんものの草の上ばかりを飛んだのである。

（日高敏隆「猫の目草―緑なら自然か？」『波』1998年6月号　新潮社による）

（注1）モンシロチョウ：ここでは「チョウ」「チョウチョ」もモンシロチョウを指す。

（注2）ケージ：鳥などをいれるかご。

58　「これは、チョウチョにはたいへん失礼な思いちがいであった」とあるが、どんな思いちがいをしたのか。

1　チョウチョは色の区別だけでなく紙と植物の区別もできないと思ったこと。

2　チョウチョは形の区別はできるが、色の区別まではできないと思ったこと。

3　チョウチョは色の区別はできるが、紙と草の区別はできないと思ったこと。

4　チョウチョは色だけではなく形までも区別することができると思ったこと。

（5）

いつのころからか、「若い人になにをのぞむか」とか「どのように生きてもらいたいか」というような質問をされるようになりました。

はじめは当惑_{とうわく}しました_{（注1）}。お前はもう若くないんだ、と不躾けに_{（注2）}いわれたような気がして、ちょっと対応が乱れたり_{（注3）}しましたけど、まあ、いまはそんなことをいいたいのではない。

そういう質問をされて、自分が長いあいだ、人に「どう生きて欲しい」などと願ったりすることから遠いところにいたんだな、ということに気がついたのです。だいたい、若い人にどう生きて欲しいなんていってみたって、いうことをきく人がいるものかと、自分の若いころをかえりみて_{（注4）}、そう思うし、多少は影響_{えいきょう}をあたえうるかもしれない自分の子どもにたいしても、ほとんどそういうことは願わずに生きてきました。

（山田太一『ふぞろいの林檎たちへ』岩波ブックレットによる）

（注1）当惑_{とうわく}する：どうしてよいかわからず、困ってしまう。

（注2）不躾_{ぶしつ}けに：相手の気持ちを考えず、失礼な態度で。

（注3）対応_{たいおう}が乱_{みだ}れる：すぐにきちんとした答えができない。

（注4）かえりみる：思い出してみる。

59　「気がついたのです」とあるが、筆者はどんなことに気がついたのか。

1　「若い人にどのように生きてもらいたいか」というような質問を、自分はされたくないと思っていたこと。

2　「若い人にどう生きてほしいか」というような生き方についての話をする年齢に、自分がなっていたこと。

3　もう若くはない自分が若い人に人生について語っても、聞いてくれる人はいないと思っていたこと。

4　自分の子どもを含めて若い人にどう生きて欲しいかということを、今まで望んだことがなかったこと。

精 解 专 栏
独家发布

问题10-模拟考场

55 正确答案是2。

　　頭痛も熱もなかったが、みんなに迷惑をかけてはいけないと思い、旅行に参加しなかった。（虽然没有头疼和发烧，但怕给大家带来麻烦，没有参加旅行。）

　　该题目属于总结性的问题。文章中的关键句子是：「頭が痛いわけでも、熱があるわけでもなかったのですが、みなさまにご迷惑をおかけしてはいけないと思い、ご一緒するのを遠慮させていただきました。」根据关键句可知，虽然作者没有头疼和发烧，但怕给大家带来麻烦，所以不和大家一起去旅行了，由此可以推断出正确答案是2。在选项中：1作者没有头疼和发烧，与文章描述不符；3作者不是旅行途中头疼发烧的，而是在旅行前；4作者没有参加旅行，所以与文章内容不符。

其他选项分别是
1　風邪をひいて頭も痛いし熱もあったため、旅行に参加できず、申し訳ないと思っている。/感冒了头疼发烧，所以不能参加旅行，感到很抱歉。

3　旅行に参加したとき、頭痛と高熱のためにみんなに迷惑をかけ、申し訳なく思っている。/在参加旅行的时候，因为头疼发烧给大家带来麻烦，感到很抱歉。

4　風邪をひいて迷惑をかけてしまうのではないかと思うが、遠慮しながら旅行に参加した。/虽然考虑感冒了会给大家带来麻烦，但还是有点担心参加了旅行。

56 正确答案是3。

　　思っていることを他人に伝えるのが苦手な性格。（不擅长把自己想要说的事情传达给别人的性格。）

　　该题目属于画线解决句子类问题。文章中的关键句子是：「自分のことを、なかなか他人に伝えたり、分かってもらえなくて、悲しい思いや、傷ついたりすることも多く。」说明作者的苦恼，由此可以推断出正确答案。在选项中：1与作者所提及的性格正好相反；2感觉到郁闷的不是不能模仿对方，而是不能良好地沟通；4生气不是因为别人而是因为自己不能很好地表达自己的意见。

<table>
<tr><td rowspan="3">其他选项分别是</td><td>1</td><td>大勢の人の前で積極的に意見が言える性格。/在很多人面前积极地表达自己的意见的性格。</td></tr>
<tr><td>2</td><td>人の真似が上手にできなくてくやしがる性格。/苦于不能成功模仿别人的性格。</td></tr>
<tr><td>4</td><td>すぐに腹を立てて、人を傷ついてしまう性格。/马上就发火，伤害别人的性格。</td></tr>
</table>

57　正确答案是3。

水を手に入れるのは簡単なことではないということ。（不是轻易就能弄到水这件事。）

该题目属于关键句子解释的问题。文章中的关键句子是：「しかし、日本の川は流れが速くて利用が難しく、地下水が出るところも限られているため、水を得るには大変な苦労が必要であった。」关键句子说明了获得水是比较艰难的，并阐述了起纷争的原因。因此可以推断出正确答案。在选项中：1说的事实没有错，但不是到现在为止都没有改变过的事实，而是古时候发生的事情；2说日本是降雨丰富的国家没有错误，但并不是水资源丰富的国家，所以是错误的选项；4日本水资源不丰富，不能种庄稼不是在全国的范围内，而是个别地区。

<table>
<tr><td rowspan="3">其他选项分别是</td><td>1</td><td>水を得るためにしばしば争いが起きるということ。/为了获得水而频繁地起纷争。</td></tr>
<tr><td>2</td><td>日本は雨が多い国なので水が豊かであるということ。/因为日本是多雨的国家，所以水资源很丰富。</td></tr>
<tr><td>4</td><td>水が不足していて米や作物を作れないということ。/因为水源不足，不能种植水稻和庄稼。</td></tr>
</table>

58　正确答案是3。

チョウチョは色の区別はできるが、紙と草の区別はできないと思ったこと。（认为蝴蝶可以识别颜色，但是不能识别纸张和草。）

该题目属于关键句子解释的总结性的问题。文章中的关键句子是：「チョウは緑色であれば紙でもいいのだな、とぼくは思った。」说明画线句子中的观点就是认为蝴蝶只认识颜色，不识别形状和实物。在选项中：1说蝴蝶颜色和形状都识别不出来是错误的；2参照画线句子，这句话的意思正好相反；4说蝴蝶既能识别颜色又能识别形状是最后得出的结论，而不是问题所问的内容。

其他选项分别是

1 チョウチョは色の区別だけでなく紙と植物の区別もできない
と思ったこと。/蝴蝶既不能识别颜色又不能识别纸和植物。
2 チョウチョは形の区別はできるが、色の区別まではできない
と思ったこと。/蝴蝶能识别形状但是不能识别颜色。
4 チョウチョは色だけではなく形までも区別することができる
と思ったこと。/蝴蝶既能识别颜色又能识别形状。

59 正确答案是4。

自分の子どもを含めて若い人にどう生きて欲しいかということを、今まで望んだこ
とがなかったこと。（迄今为止不曾希望过包括自己孩子在内的年轻人要如何生存的事
情。）

该题目属于解决关键词类问题。文章中的关键句子是：「だいたい、若い人にどう生
きて欲しいなんていってみたって、いうことをきく人がいるものかと、自分の若いころ
をかえりみて、そう思うし、多少は影響をあたえうるかもしれない自分の子どもにたい
しても、ほとんどそういうことは願わずに生きてきました。」问题询问作者察觉到了什
么，根据关键句可以看出作者的观点。一般问起你想要年轻人怎样生活时，就会想起自
己年轻的时候也是听不进（别人的话）。正因为这种想法的影响，所以也从来不强求自己
的孩子。在选项中：1年轻的时候没有想过这个问题而不是被问到过；2关键不是年龄的问
题，而是从不曾希望和要求过；3不是没有人听，而是没希望过。

其他选项分别是

1 「若い人にどのように生きてもらいたいか」というような質
問を、自分はされたくないと思っていたこと。/希望年轻人如
何生存这个问题，在自己年轻的时候不希望被问到。
2 「若い人にどう生きてほしいか」というような生き方につい
ての話をする年齢に、自分がなっていたこと。/自己已经到了
讨论希望年轻人如何生存的年龄。
3 もう若くはない自分が若い人に人生について語っても、聞い
てくれる人はいないと思っていたこと。/觉得已经上年纪的自
己对年轻人即使说教也没有人听。

问题 **11**

内容理解（中篇）
——答题关键

- 每篇文章后面有3个问题，共三篇文章9个问题。

- 该题考查学生对中篇文章的阅读能力。其中包括对于关键词语或句子的理解，以及对全篇文章的整体把握。

- 改革之后的题目形式更加侧重于对重点句子及整篇文章意思的把握，原来的关键词语填空类题型有逐渐减少的趋势。

- 解题时要注意，先看问题后看文章，如果有考查文章整体意思题目的话，需要通篇阅读，如仅考查关键词语或句子类，可以带着问题去文章中找答案。其中题中如有询问某事原因的，应注意一下在该句子的前后是否有表示原因、结果的词语。解答考查文章整体意思的题型时，需要特别关注文章的开头和结尾。通常会在开头时提出观点，之后举例，提出论据等方式加以论述，最后结尾处要再一次确认。

免费检测

限时：12分钟

問題11　次の（1）から（3）の文章を読んで、後の問いに対する答えとして最もよいものを、1・2・3・4から一つ選びなさい。

（1）

　大人になんかなりたくない——。そう考えている小学生がいるそうだ。子どもというものは、早く大人になりたがっていると思っていたわたしは、大人になりたくないと考えている小学生があんがい多いと聞かされて、①ちょっとショックであった。

　でも、小学生の気持ちはわからないでもない。

　わたしが子どものころの大人たちは、みんな楽しく働いていた。もちろん、当時の大人にも、嫌なこと、憂さ (注) もあったはずだが、仕事そのものを嫌悪していなかったと思う。それに大人たちは、子どもたちが生活しているすぐ横で働いていた。仕事の場と生活の場が、現在ほど分離していなかった。

　現在は、働く大人の姿が子どもたちに見えない。ほとんどの人間がサラリーマンになってしまったためである。そして、大人たちの主たる関心は、——競争に勝つこと——になってしまった。他社との競争に勝ち、同僚との競争に勝つことだけが生き甲斐になっており、大人たちの話題も、「勝った、負けた」の話か、仲間の足の引っ張り合いか、愚痴か、「疲れた、疲れた」と言ったため息でしかない。これじゃあ、子どもたちが大人に幻滅して当然だ。②大人になりたくない……と思う子どものほうが正しいようだ。

　われわれ大人は、子どもたちに夢を与えるためにも、生活環境を変えていかねばならない。それは、労働時間の短縮といっただけのことだけではない。もっと根本的に、——生活のゆとり——が必要なのではなかろうか。わたしはそう思う。

　　　　　　　　　　　　　　　（ひとさちや『まんだら人生論（上）』新潮社による）

（注）憂さ：思った通りにならなくてつらいこと。

60　①「ちょっとショックであった」とあるが、なぜか。
　　1　子どもが早く大人になりたがっているから。
　　2　子どもが親と離れたくないから。
　　3　子どもが大人になって楽しく仕事したがいから。
　　4　大人になりたくないと考えている子どもがあんがい多いから。

E1 ②「大人になりたくない……と思う子どものほうが正しいようだ」とあるが、筆者
はなぜこう思うか。

1　働く大人たちの姿が子どもたちに見えないから。

2　大人たちがみんな楽しく働いているから。

3　ほとんどの大人が子どものすぐ横で働いていたから。

4　大人たちは競争に勝つことばかり考えているから。

E2 この文章で筆者が言いたいことは何か。

1　私たち大人は仕事そのものを嫌悪している。

2　私たち大人は仕事の場と生活の場を分離すべきである。

3　私たち大人は生活のゆとりを持つ必要だ。

4　私たち大人は労働時間を短縮すべきである。

(2)

　その教授は、人間の脳がどのような作用によって活性化される (注1) のか、という問題
について話を進め、交通事故によって脳の一部をひどく損傷してしまった少年の実例を
挙げた。（中略）

　少年の脳の損傷具合はかなりひどいものだったので、医師は両親にその旨 (注2) を告
げ、たとえ手術がうまくいっても植物人間になることは免れないと宣告。①その上で手
術をしたわけだが、リハビリ (注3) の段階で少年に対してできるかぎりの愛情を注ぐこ
とを、両親に勧めたらしい。たとえ寝たきりで反応がなくても、一日じゅう手や足をさ
すってやり、優しく励ましてやるようにと指示したのである。両親は愚直なまでに (注4)
この指示を守り、来る日も来る日も少年の手足をさすり、励まし続けたという。その結
果、本来なら障害がおきてしかるべきであるはずの少年の脳は活発に働き始め、植物人
間どころか、退院の日にはジョギングをしても大丈夫なほど回復したのだそうである。
「少年の退院の日は、②まさに感動的でありました」と教授は瞳を潤ませながら語って
いたが、この実例から彼が引き出した結論（というかいまだ仮定なのかもしれないが）
は、人間の脳は「誰かに受け入れられる」という前提のもとに、活発に働くということ
であった。受けいれられるというのはどういうことかというと、これはよりもなおさず
愛されるということである。（　③　）愛し、愛されるという刺激がなければ、人間の
脳は活発に働かないし、創造性も高まらないのである。

（原田宗典『幸福らしきもの』による）

（注1）活性化する：刺激を与えて、働きを活発にする。

（注2）その旨：その内容。

（注3）リハビリ：体が不自由になった人が社会生活にもどれるようにする訓練。

（注4）愚直なまでに：愚かだと思われるほどまじめに。

[63] 下線①「その上で手術をした」とはどういうことか。

1 命は助かるがジョギングできるほど回復はしないと言ってから手術をした。

2 命は助かっても寝たきりで反応がなくなることを伝えてから手術をした。

3 脳の損傷がひどいので、助かる見込みはないと言ってから手術をした。

4 脳の損傷はひどいが、手術をすれば元どおりになると約束して手術をした。

[64] 下線②「まさに感動的でありました」とあるが、何が感動的なのか。

1 ひどいけがだったのに手術により障害が防げたこと。

2 退院の日に少年がジョギングをしながら帰ったこと。

3 親の励ましによって少年が予想以上に回復したこと。

4 手術を担当した教授が話しながら瞳を潤ませたこと。

[65] （　③　）に入る最も適当な言葉はどれか。

1 要するに　　　　2 もちろん　　　　3 逆に　　　　　4 そういえば

(3)

　日本では、政治家に限らず、選挙が行われる前に、しばしば話し合いによって当選者が決まっていることが多い。たとえ選挙が行われても、それは形式的なもので、実際には、前もって選ばれていた人が勝利を収める結果が、既に作られていることがよくある。

　問題点に関して、徹底的に論争を行い、相手を打ち負かした方が人気を得て選挙に勝つという、民主主義の原点とも言うべき選挙のやり方が、なぜ①日本では行われないのであろうか。

　②「黙って俺について来い」という指導者は、日本では長続きしない、と言われている。日本の指導者は、先頭に立って集団を引っ張っていくのではなく、いつもある意見の調整役なのだ。つまり、強い個性と明確な方針を持っているような人物は、自分の意見にこだわりすぎるため、他の意見を受け入れない。すると、彼によって受け入れられなかった人々が、もともとはそれぞれ違う意見を持っていたにもかかわらず、団結して反乱を起こし、彼は指導者の地位を追われてしまうことになる。それよりは、一つ一つの意見に耳を傾け、何とか妥協点を見つけて、誰もが賛成できるような一つの結論へとみんなを導いていく、そのような人物がありがたがられるのである。

　日本の首相が国際会議の場で、はっきりした見解や意見を言わず、ひたすら各国首脳の聞き役に回っているのも、③そのような調整役を果たそうとしているのである。

[66] ①「日本では行われない」選挙とは、どんな選挙なのか。

1 十分に論争をし、それに勝った人が当選する選挙。

2 決められた方法によって形式的に行われる選挙。

3　話し合いによって当選する人を決めてしまう選挙。

4　前もって選ばれていた人が結局勝つような選挙。

[67] 日本では②「黙って俺について来い」という指導者が長続きしないのはなぜか。

1　民主主義的な選挙を行わず、指導者として失格だと見なされるから。

2　はっきりした見解や意見を述べようとしないので、人に信頼されないから。

3　自分の考えが強く持ち、他人の意見を聞かないので、敵ができてしまうから。

4　他の人と論争になったとき、相手を打ち負かすことができないから。

[68] ③「そのような調整役」とはどのようなことをする人か。

1　論争をして相手を打ち負かす人。

2　誰を選ぶか前もって決める人。

3　先頭に立って集団を引っ張っていく人。

4　周りの人の意見を聞き妥協点を導き出す人。

问题11–免费检测

精 解 专 栏
独家发布

（1）

60 正确答案是4。

大人になりたくないと考えている子どもがあんがい多いから。（因为不想成为大人的孩子令人意外的有很多。）

该题目属于理解前后文意思的问题。该题的解题关键句子是：「子どもというものは、早く大人になりたがっていると思っていたわたし」（我一直认为小孩子是一直期望早日成为大人的），所以当听说"不想成为大人的孩子有很多"的时候，很受打击。在选项中：1与原文所表达的意思相反；2和3所表达的内容与本问题并无关联。

其他选项分别是
1 子どもが早く大人になりたがっているから。/因为孩子很想早日成为大人。
2 子どもが親と離れたくないから。/因为孩子不想和父母分开。
3 子どもが大人になって楽しく仕事したがいから。/因为孩子想成为大人后快乐地工作。

61 正确答案是4。

大人たちは競争に勝つことばかり考えているから。（因为大人们只想着在竞争中获胜的事。）

该题目属于总结归纳类问题。该题的解题关键句子是：「大人たちの主たる関心は、——競争に勝つこと——になってしまった。」（大人们最关心的事已经变成了在竞争中获胜。）因此孩子们才会梦想破灭不想成为大人。在选项中：1文中虽然提及，但不是主要原因；2文章中并未提及；3的内容为作者小时候的情形，与解答本问题无关。

其他选项分别是
1 働く大人たちの姿が子どもたちに見えないから。/因为小孩子看不到大人们工作的样子。
2 大人たちがみんな楽しく働いているから。/因为大人们都快乐地工作着。
3 ほとんどの大人が子どものすぐ横で働いていたから。/几乎所有的大人都在孩子的旁边工作。

62　正确答案是3。

私たち大人は生活のゆとりを持つ必要だ。（我们大人有必要生活得轻松一点。）

该题目为归纳结论类问题。作者从小孩子不想成为大人这一现象说起，究其原因，得出结论。解题的关键在于最后一段：「われわれ大人は、子どもたちに夢を与えるためにも、生活環境を変えていかねばならない。それは、労働時間の短縮といっただけのことだけではない。もっと根本的に、——生活のゆとり——が必要なのではなかろうか。」（我们大人为了给小孩子梦想，必须改变我们的生活环境。而且不是单纯地缩短劳动时间，而是更根本的——生活的乐趣（轻松地生活）——非常必要。）在选项中：1和4的内容虽然文章中有所提及，但不是解题的关键；2所叙述的意思文章中并未提及。

其他选项分别是
1　私たち大人は仕事そのものを嫌悪している。/我们大人都讨厌工作。
2　私たち大人は仕事の場と生活の場を分離すべきである。/我们大人应该将工作的场合和生活的场合分开。
4　私たち大人は労働時間を短縮すべきである。/我们大人应该缩短劳动时间。

（2）

63　正确答案是2。

命は助かっても寝たきりで反応がなくなることを伝えてから手術をした。（在被告知就算保住性命但会卧床不起并没有反应后才做的手术。）

该题目为关键句子理解类问题。解答此题的关键句子是：「たとえ手術がうまくいっても植物人間になることは免れないと宣告。」（就算手术很顺利，也难免会成为植物人。）其中「植物人間」是关键词。类似于此类「その/それ/……」指代词相关的题目，正确答案一般在该词前面的句子中寻找。在选项中：1、3、4均不符合题意。

其他选项分别是
1　命は助かるがジョギングできるほど回復はしないと言ってから手術をした。/在被告知就算保住性命也不能恢复到能跑步的状态后进行手术。
3　脳の損傷がひどいので、助かる見込みはないと言ってから手術をした。/在被告知脑损伤很厉害没有希望救活后进行手术。
4　脳の損傷はひどいが、手術をすれば元どおりになると約束して手術をした。/在被告知虽然脑损伤很严重，但是通过手术可以恢复到原来的样子后进行手术。

64 正确答案是3。

親の励ましによって少年が予想以上に回復したこと。（因为父母的鼓励，少年比预想的恢复得好。）

该题目为考查综合理解能力的问题。解题的关键在于理解上下文之间的意思，并将其概括总结。在选项中：1的内容文章中并未提及；2的内容文章中表述的是"到出院时，少年恢复到了可以跑步的程度"，是对文章意思的错误理解；4是教授感动后眼眶湿润，与解答本题无关。

其他选项分别是　1　ひどいけがだったのに手術により障害が防げたこと。/受了很严重的伤，可通过手术却没落下残疾。

　2　退院の日に少年がジョギングをしながら帰ったこと。/出院那天少年慢跑回去的。

　4　手術を担当した教授が話しながら瞳を潤ませたこと。/负责手术的教授说着说着眼眶就湿润了。

65 正确答案是1。

要するに。（也就是说。）

该题目属于关键词语填空类问题。解答该题的关键在于理解文章前后文之间的意思及内在联系。该篇文章中前后文叙述的内容是一致的，只是换了其他简短的语言做了一个总结。在选项中：1具有此种意思；2含有不用再论述已经得出结论的语气；3表示前后文意思是相反的或从相反的角度再进行论述；4表示之前叙述的某一内容，使人意识到另有可以扩展的空间。

其他选项分别是　2　もちろん/不必说，当然

　3　逆に/相反

　4　そういえば/这么说起来……

（3）

66 正确答案是1。

十分に論争をし、それに勝った人が当選する選挙。（充分进行辩论之后获胜的人当选的选举。）

该题目属于关键句子理解的问题。文章的第一段中提及到"在日本即便进行选举，形式上的选举比较多"，第二段中进一步说明正常的选举形式为何种形式，而这种形式的选举却没有在日本进行。因此选项1为正确答案。在选项中：2所表述的内容并没有在文章中体现；3与4所表述的内容是在目前日本常见的选举形式。

其他选项分别是
2　決められた方法によって形式的に行われる選挙。/用定好的方法来进行形式上的选举。
3　話し合いによって当選する人を決めてしまう選挙。/通过交谈沟通决定当选人选的选举。
4　前もって選ばれていた人が結局勝つような選挙。/事前选好的人最后胜出的选举。

67　正确答案是3。

自分の考えを強く持ち、他人の意見を聞かないので、敵ができてしまうから。（因为强烈坚持自己的意见，不听别人的意见，最后有了很多对手。）

该题目属于关键词解释类的问题。解答该题的关键句子是：「日本の指導者は、先頭に立って集団を引っ張っていくのではなく、いつもある意見の調整役なのだ。」（日本不需要领头羊似的人物，而是需要协调员。）解答该题时选择描述"领头羊"的内容即可。在选项中：1和4的内容文章中并未特别提出；2后半句的内容文章中并未提及。

其他选项分别是
1　民主主義的な選挙を行わず、指導者として失格だと見なされるから。/因为不进行民主主义的选举，作为领导者是很失职的。
2　はっきりした見解や意見を述べようとしないので、人に信頼されないから。/不清楚明确地陈述见解、意见等，不被别人信赖。
4　他の人と論争になったとき、相手を打ち負かすことができないから。/在与其他人进行争论时，不能将对手打败。

68　正确答案是4。

周りの人の意見を聞き妥協点を導き出す人。（听取周围人的意见并找到和解点的人。）

该题目属于关键词解释类问题。解答该题的关键句子是：「それよりは、一つ一つの意見に耳を傾け、何とか妥協点を見つけて、誰もが賛成できるような一つの結論へとみんなを導いていく、そのような人物がありがたがられるのである。」（比起前面说的，反而倾听每个人的意见，找到妥协点，并引导大家得出一个谁都能赞成的结论的人是大家都期待的。）文章最后一段的内容也说明了"日本首相出席国际会议的时候，一般不发表意见而是倾听，起到调节的作用"。解答此题的关键在于把握好上下文之间的关系。其他选项并未体现「調整役」的意思。

其他选项分别是
1　論争をして相手を打ち負かす人。/据理力争，打败对手的人。
2　誰を選ぶか前もって決める人。/提前决定选谁的人。
3　先頭に立って集団を引っ張っていく人。/站在最前面引导集团的人。

魔鬼训练

（一）

　　年齢違いの子どもたちが集まって、日がな一日 (注1)、遊んで暮らす。①そのどこがいいか。一歳児を三歳児が、三歳児を五歳児が、五歳児を七歳児がというふうに、順送りに面倒をみる。そうして育つ子どもたちの中で、年上の連中は、自分がついこの間までそうであった状態を、年下の子どもの面倒をみることによって再確認する。つまり学習でいうなら、②復習をするのである。さらに面倒をみてもらう年下の子たちは、少し発育の進んだ子どもと接することになる。これはすなわち予習である。異世代の子どもたちが団子 (注2) になって遊ぶことの利点は、まさに発育の予習と復習を繰り返すと、現代風にいうならフィートバックを繰り返しながら育つことである。

　　子どもたちだけで遊んでいるのは、親がつきっきりで面倒をみるのに比べたら、乱暴な育て方だ。今ではそう思っている母親が多いのではないかと思う。私はそれは逆ではないかと思う。子どもの集団のなかで育つほうが、じつは上に述べたように、ていねいに育っているのかもしれないのである。

（養老孟司「あなたの脳にはクセがある」中公文庫による）

（注1）日がな一日：朝から晩まで、一日中。

（注2）団子：かたまり。

---

1 ①「その」とあるが、何のことか。

1　年齢違いの子どもたちが集まって遊んで暮らすこと。

2　年齢順送りに、子どもたちが年下の子供の面倒をみること。

3　学習での予習すること。

4　フィートバックを繰り返すこと。

2 ②「復習」とあるが、ここではどんなことか。

1　発育の違う子どもたちが集まって遊ぶこと。

2　子どもが自分より発育の進んだ子どもと接すること。

3　年上の子どもが自分より年下の子供の面倒をみること。

4　異世代の子どもたちが団子になって遊ぶこと。

3 筆者が言いたいことなにか。

1　子どもたちだけで遊んでいるのは、子どもの成長によいことだ。

2　子どもたちだけで勉強せずに親が教えたほうがよいことだ。

3　子どもたちは常にだれかが面倒をみていないと成長できないものだ。

4　子どもたちは良い成績をとるために、予習と復習を繰り返すことが必要だ。

（二）

　　たとえば、ある重大な病気にかかっている人に、有効と考えられる薬があるとしましょう。服用するのは一回だけです。それによりよくなる可能性は高いのですが、しかし重大な副作用が起きる確率も５％あります。その５％は全体での割合ですが、どんな体質の人だと高く、どんな体質だと低いのかは、①まったく不明です。この時、医者A は患者さんたちに対して、次のように述べました。

　　「この薬を一回だけ服用すると、病気はよくなることが多いが、確率５％で重大な副作用が起きる」

　　一方、医者Bは患者さんたちに対して、次のように述べました。

　　「この薬を一回だけ服用すると、病気は良くなることが多いが、100人につき5人は重大な副作用が起きる」

　　違いは「確率5％で」と「100人につき5人は」だけです。そして数学的にいえば、非常に厳密な差は別として、Aが言っていることとBが言っていることは基本的に同じです。もちろん「100人につき5人は」の代わりに「20人につき1人は」と言っても同じです。

　　しかしそれにもかかわらず、医者Aの言い方のほうが、その薬の使用をためらう患者さんは一般的に多くなるそうです。

　　　　　　　　　　　　　（加藤良平『数字のポイント？ウソ！』ベスト新書による）

4　①「まったく不明です」とあるが、何が不明なのか。
　1　重大な病気にかかった人は薬を服用して治るかどうかが不明。
　2　どんな体質の人が病気になりやすいかが不明。
　3　重大な病気にかかりやすいのは何％の人かが不明。
　4　副作用が出る可能性が高いのはどんな体質の人かが不明。

5　この文章の内容と合わないものはどれか。
　1　この薬を服用すると、5％の患者が重大な副作用が起きる。
　2　この薬を服用すると、20人につき1人は重大な副作用が起きる。
　3　医者Aの言い方を聞いて、その薬を使用する患者が多くなるそうだ。
　4　医者Aと医者Bが言っていることは基本的に同じだ。

6　本文の要約として最も適当なものはどれか。
　1　重大な病気にかかっても、有効な薬がある。
　2　いくら有効な薬でも、副作用が起きる可能性がある。
　3　同じ数字でも、言い方によって聞き手の反応が違う。
　4　同じ数字でも、言い方によって違う数字になる。

（三）

　　他人に注意するのが好きな人がいる。切符売り場などで、人々が列をつくって並んでいるのに割り込む (注1) 人に、「みんな、順番で待っているのよ」などと注意する。内心、何か言いたい、と思っていた他の人々は、「代わりに言ってくれてよかった」と、ほっとする。注意されたほうは、文句を言いつつも、列の後ろに並ぶ。

　　科学は、他人に注意するという人間の行動に、「利他行動」という視点からアプローチする (注2)。

　　必ずしも自分の得にならない、むしろ損になるかもしれないのに、他人の利益のためにあえてする、というのが利他行動である。たとえば、自分が狩った獲物を他人にも分け与えるという行動もそうだ。

　　なぜ、注意することが利他行動になるのだろうか。注意された相手は、その後、ルールを守ってきちんとした行動を取るようになるかもしれない。そうなれば、結果、その人と接する人々は、得をすることになる。①自らは何の行動も取っていないのだから、「ゼロコスト」で、そのような利益を得たことになる。

　　注意をする人も、そのことで得することもあるかもしれない。（　②　）、行動することにはエネルギーが必要であり、喧嘩になったり、不快な思いをしたりするリスク (注3) もある。自らがそのような不利益を被り (注4) つつ、他者には無償の利益を与えるという意味で、「注意すること」は利他行動なのである。

（茂木健一郎「脳の中の人生」による）

（注1）割り込む：順番を守らずに間に入る。

（注2）アプローチする：（研究対象に）迫る。

（注3）リスク：危険性。

（注4）被る：受ける。

7　①「自らは」とあるが、誰か。

　　1　注意をする人。　　　　　　　　　　2　注意をされる人。

　　3　注意をしていない人々。　　　　　　4　注意をされていない人々。

8　（　②　）に入る最も適当な言葉はどれか。

　　1　もちろん　　　　　　　　　　　　　2　つまり

　　3　一方で　　　　　　　　　　　　　　4　にもかかわらず

9　文章には「利他行動」とあるが、何か。

　　1　自分には損になる可能性があっても、他人のためにする行動。

　　2　自分自身も豊かな気分になれるように、他人のためにする行動。

　　3　他者の利益は結局自分の利益になると考えてする行動。

　　4　自分が損をする可能性を考えず、他人のことだけを考えてする行動。

（四）

　　ニュースは、新聞だけではなくテレビで知ることもできます。

　　じゃあ、新聞なんか読まなくても、テレビを見ればいいじゃないか。そのほうが楽だし速いじゃないか。そんなふうに考える人もいるかもしれません。でもやはり、ぼくは新聞を読んでほしいと思います。①新聞には、テレビにないよさがあると思うからです。

　　テレビというのは、映像と音が組み合わされています。見る側は、目とか耳とかの感覚を働かせることになります。テレビの前に座っていると、感覚に訴える要素が次々にあらわれ、次々に消え、移っていくわけです。これはテレビの特色ですが、同時に欠陥でもあります。

　　ときどきこちらが考えさせられるようなことを言ったり、興味深い画像が出てきたりしますが、あっと思ったらもう次に移ってしまい、よほど印象深いもの以外は思い出しません。

　　それに対して新聞、つまり活字の場合は、立ち止まって考えることができます。それだけではなく、さらにその先へ考えを進めることができる。想像を広げたり、新しい着想 (注) を得たりということが可能なのです。

　　映像から得る感覚的な刺激は、②その場だけで終わってしまうことが多いのですが、活字の場合は、新しい何かを付け加えたり、まったく違うものを創り出したりということがしやすいのです。

　　　（吉本隆明『13歳は二度あるか―「現代を生きる自分」を考える』大和書房による）
　　（注）着想：仕事や計画などを行うときの考え、アイディア。

10 ①「新聞には、テレビにないよさがある」とあるが、その「よさ」は何か。
　1　目とか耳とかの感覚を働かせること。
　2　興味深い映像が出てきたら、よほど印象深いこと。
　3　立ち止まって考えたり、新しい着想を得たりすること。
　4　見る側が印象深いものだけ思い出す。

11 ②「その場」とあるが、何か。
　1　テレビの映像を見て感覚的な刺激を受けるとき。
　2　新聞を読むとき。
　3　印象深いものを思い出すとき。
　4　違うものを創り出すとき。

12 この文章の内容と合っていないものはどれか。
　1　ニュースを知るために、テレビは新聞より楽だし速いと思う人がいる。
　2　立ち止まって考えることができる新聞には、すぐに消えてしまうテレビにはないよさがある。

3　新聞より、感覚に訴える要素が多いテレビのニュースのほうがよくわかる。

4　映像は次々に消え、移っていくのがテレビの特色であると同時に欠陥でもある。

（五）

①あれはいつのころだったか、まだ、数学などに凝っていたときだ。ぼくは、友人と競争で、ある問題を解いていた。それが解けたときはほんとうに嬉しかった。それで、すぐに友人に電話した。

「おい、やった、解けたぞ」

ぼくは、ほとんど、叫んでいた。

だが、相手はねむそうにいう。

「なにが、解けたが。いま何時だと思っているんだ。午前2時だぞ！」

怒った声だった。

それを聞いて、しまったと思った。確かに、ひどい時間に電話をかけたものだ。

「たとえ、友人だとはいえ、午前2時に電話をかけるのは、少し非常識だったな。あやまる。ごめん！」

ぼくは②すぐあやまった。すると、相手はいった。

「お前のばかな友人になら、何時に電話をしようと勝手だ。おれのいいたいのは、（　③　）ということだ」

そして、ガチャン。そういえば、相手の声は友人のそれではなかった。

（なだいなだ「こころのかたち」毎日新聞社による）

13　①「あれはいつのころだったか」とあるが、いつだと思うか。

1　数学などに凝っていたとき。　　2　午前2時友人に電話をかけるとき。

3　相手の怒った声を聞いたとき。　　4　相手にあやまったとき。

14　②「すぐあやまった」とあるが、なぜあやまるか。

1　問題がまだ解けていない友人の気持ちを考えずに電話をしたから。

2　午前2時という非常識な時間に友人に電話をしたから。

3　自分から電話をかけたのに、はじめに名前を言わなかったから。

4　問題を解けた嬉しさのあまり、電話で叫んだから。

15　（　③　）に入る最も適当なものはどれか。

1　そんなことで深夜に電話をかけるな。

2　相手のことを考えて電話をかけろ。

3　電話番号はまちがえないようにかけろ。

4　午前2時の電話で叫ぶな。

（六）

　　圧力鍋の原理は、よく知られているであろう。鍋のフタがきっちりと閉まり、蒸気を逃がさないので圧力がかかるのだ。そして、気圧が高いので、水の沸騰点が高くなる。高山の頂上で飯を炊くと、気圧が低いので水が100度以下で沸騰してしまい、①芯のある飯になる、ということの逆の現象が起こるわけだ。湯の温度が110度とか120度になる。

　　だから、普通の鍋なら1時間くらいコトコトと煮つめないとやわらかくならない肉が、10分ほどの加熱でやわらかく煮える。

　　圧力鍋で料理をする時の注意ポイントは、②水は少なめに、ということである。

　　普通の鍋でたとえばカレーを作るとして、我々は、完成品の水分より多めの水を入れて煮ていく。水が沸騰して水蒸気になって減っていくことを体験上知っているから、その分最少の水を多くしているのだ。

　　（　③　）、圧力鍋で煮ると、その水蒸気がどこへも逃げない。そして温度が下がるとまた水になる。つまり、煮ても水が減らないのだ。

　　だから、圧力鍋で煮物をする時は、完成品の水分の量で煮なければ、びしゃびしゃのものができてしまう。とっても科学的な鍋なのである。

（清水義範「サイエンス言誤学」朝日文庫による）

16 ①「芯のある飯になる」とあるが、なぜか。

　1　気圧が低いので、水が100度以下で沸騰するから。
　2　気圧が低いので、湯の温度が110度とか120度になるから。
　3　気圧が高いので、水が100度以下で沸騰するから。
　4　気圧が高いので、湯の温度が110度とか120度になるから。

17 ②「水は少なめに、ということである」とあるが、なぜか。

　1　10分ほど加熱すればやわらかく煮えるから。
　2　気圧が高いので、水の沸騰点が高くなるから。
　3　水蒸気が逃れるところがなく、煮ても水が減らないから。
　4　圧力鍋はとっても科学的な鍋であるから。

18 （　③　）に入るものとして最も適当なものはどれか。

　1　あるいは　　　　　　　　　2　ところが
　3　だからといって　　　　　　4　そればかりでなく

（七）

　　大学時代に交換留学の機会を得て9ヶ月間アメリカの大学に留学した。その留学を終えて帰国するとき、心に残る思い出ができた。

アメリカに行くときは飛行機だったが、帰りは船に乗ってみたくて、貨客船で帰ることにした。貨客船は基本的に貨物船であるが、乗客も11人まで乗せることのできる船だった。その貨客船に乗ってアメリカ西海岸の港を出て横浜に向かった。

飛行機なら到着時とかに時計を一度だけ調節するのが普通であるが、船旅では、おもしろいことに、港を出てから横浜に着くまで毎日寝る前に1時間時計を遅らせるように船員に言われた。言ってみれば、一日が（　①　）になったわけである。ところが、日付変更線を越えるときに、日付を1日先に進めることになった。つまり、1日失われたのである。

ところで、その船には小学校の教師を定年退職し息子さんと一緒に日本へ旅行に行くシックラーさんという女性が乗っていた。そして、そのシックラーさんの誕生日はたまたま日付変更線を越えるときに失われた1日だったのである。これを知った船長が、それはあまりにもかわいそうだということで、シックラーさんのためにパーティーを開くことにして、みんなでシックラーさんを励ました。おかげでみんな特別なパーティーを楽しむことができてなかなか経験できない船の旅となった。

19 （　①　）に入る最も適当なのはどれか。

1　20時間　　　　2　23時間　　　　3　24時間　　　　4　25時間

20 本文の内容に合っていないのはどれか。

1　9ヶ月の留学生活を終えて船で帰国することにした。

2　小学校の教師であったシックラーさんは息子と二人で日本へ旅行に行った。

3　シックラーさんは、乗船していた人たちに誕生日を祝ってもらった。

4　日付変更線に着くまで毎日時計を1時間遅らせなければならない。

21 この本文に題をつけるなら、どれが一番合っているか。

1　貨客船と時間　　　　　　　　　2　失われた誕生日

3　交換留学先での思い出　　　　　4　定年退職のパーティー

（八）

水のおいしさは温度によって大きく左右されます。生ぬるくなったミネラルウォーターが少しもおいしくないのはそのせいです。

では冷たい水なら、なぜおいしいのでしょうか。のどごしがさわやかだから、と誰でも考えますが、じつはそれだけではありません。一定の冷たさは味覚そのものにも働きかけるのです。

冷たくておいしいと感じる水の温度は、体温マイナス25℃くらいといわれます。ですから、11℃前後の水が一番おいしいことになります。大勢の人に実験してみても、この結果は変わりません。

　　この温度の水は、舌の表面にある味覚神経のなかの、酸味を感じる部分を刺激して脳に合図を送っているようです。ちょうど、レモン水のような効果が温度によって表れることになります。

　　谷川のわき水などを口に含んだとき、爽快な甘みさえ感じるという人もいますが、確かに、砂糖水の甘みではなくもっとキリッとした甘みです。どちらかといえばレモン水に近いわけで、<u>これも</u>水の冷たさが味覚神経を刺激したからでしょう。

　　酸味には気持ちの緊張をやわらげる働きがあります。冷たい水をコップ一杯飲んだだけで、不思議に緊張感が消えて落ち着いた気分になるのも、この酸味の刺激のせいなのです。

（北野大『知っているようで知らない「水」の不思議』大和書房による）

22　「<u>これも</u>」とあるが、何か。

　　1　生ぬるくなったミネラルウォーター。

　　2　のどごしがさわやかなこと。

　　3　爽快な甘みを感じること。

　　4　砂糖水の甘みが含まれること。

23　筆者によると、緊張感が消えて落ち着いた気分になれるのは、どんな水か。

　　1　生ぬるくなったミネラルウォーター。

　　2　体温マイナス25℃くらいの水。

　　3　大勢の人に実験しておいしいといわれる水。

　　4　味覚神経を刺激する水。

24　この文章の内容と合っていないのは、どれか。

　　1　生ぬるくなったミネラルウォーターはおいしくないのは温度に原因がある。

　　2　大勢の人に実験して体温マイナス25℃くらいの水が一番おいしい。

　　3　11℃くらいの水は、味覚神経のなかの酸味を感じる部分を刺激できる。

　　4　味覚神経は体温によって働き方が変わる。

（九）

　　最近うれしかったのは、新幹線で隣に座ったのが四十代の男だったことだ。

　　私だって人並みに (注1) 中年男は嫌いだ。以前は、隣に女が座ってくれることを希望していた。新幹線に乗るときは、たいてい仕事をしようと思っているから、気になるような女が隣に座ったら、仕事に身が入らないはずだ。いいかえれば、仕事をしなくて済むはずだ。だが実際には、そういう希望が実現したことはほとんどない。

　　悪いことに、世の中には女以外の人間も存在しており、中には私の①甘い夢を打ち砕くような人間もいる。一番多いのは、前後の席で騒ぐ子供である。子供の声は大きいの

はわかるが、隣に親がいるのになぜ大きい声を出すのか。周りの乗客に迷惑をかけるために大きい声をもっているとしか思えない。子供が近くいるときは、まず仕事にならない。何よりも、ぐっすり眠れない。

　そういう経験が何回も重なり、②私は喫煙車輛に座ることにした。子どもは少ないから最悪の事態は避けられる……はずだった。

　最初に喫煙車輛に乗ったとき、どこかの体育会系の大学生の団体が周りを取り囲むように座り、子供以上に大きい声で騒ぎまくった。

　次に乗ったときは、高齢の男が隣に座った。老人なら騒ぐ元気もあるまいと思ったが、老人は隣に座るなり、降りるまでの数時間、途切れることなく(注2)激しい咳をし続けた。風邪なのか、肺ガンなのか知らないが、今にも倒れそうで気が気でなく、仕事どころではなかった。

　この経験の後、私は甘い希望を捨てた。考えてみれば、周りに暴力団の団体が陣取る(注3)可能性もあるのだ。そういう事態に比べれば、中年男は歓迎すべき隣人だ。③中年男でよかった。到着までの四時間、ぐっすり眠ることができた。

（土屋賢二『ツチヤ学部長の弁明』講談社による）

（注1）人並みに：普通の人と同じように。

（注2）途切れることなく：途中で終わらないで、続いて。

（注3）陣取る：（この場合）座る。

25 ①「甘い夢」とあるが、どういうことか。

　1　新幹線で隣に中年男が座ること。

　2　新幹線で隣に女が座ること。

　3　新幹線で仕事に身が入らないこと。

　4　新幹線で隣に誰も座っていないこと。

26 ②「私は喫煙車輛に座ることにした」とあるが、なぜか。

　1　タバコを吸うつもりだから。

　2　女が隣に座るかもしれないから。

　3　子供の親がいるから。

　4　禁煙車輛は子どもがうるさいから。

27 ③「中年男でよかった」とあるが、なぜか。

　1　暴力団の団体ではなかったから。

　2　高齢の人より若いから。

　3　騒がないで静かにしているから。

　4　年齢に近いし、仕事に集中できるから。

（十）

　　私たちはどんな時に悩むのだろう。就職を決めたとき、A社にするかB社にするかで悩む。今交際している彼女と結婚するべきかどうかで悩む。（　①　）何かの選択場面、決定場面に立たされたときに悩むのである。しかし、若者たちは選ぶことができない。いやその前にそもそも選ぼうとしていない。選ぶ意志がないのである。

　　ある調査によると、今の若者のうち「どの会社に就職するか」を「自分で決める」のはわずか18%。約5割が「父・母・友達の意見で決める」と答えている。「なるようになる」と答えた者も、約3割いる（筒井俊介、修士論文）。

　　さらに、驚きなのは「恋人」を「自分で選ぶ」若者が、わずか29%であること。「なるようになる」が4割で一番多い。おそらく合コン (注1) か何かでたまたま隣にいた人と、なんとなく付き合い始めるケースが多いのだろう。

　　「今付き合っている恋人と結婚するかどうか」を「自分で決める」若者はさらに少ない（22%）。約2割が母の意見、約2割が友達の意見で決めると答えている。

　　これでは、悩みが生じないのも当然である。

　　就職と結婚は、人生の二大イベント。よい配偶者に恵まれて、自分を生かせる (注2) 仕事に就く。これが今も昔も、幸福の二大条件である。この二つを自分で選ばないのなら、確かに大した悩みも葛藤も生まれてこないだろう。しかしそれで果たして、自分の人生を生きていると言えるだろうか。

　　けれど、それが②今の若者の「当たり前」なのである。

　　（諸富祥彦『＜むなしさ＞の心理学—なぜ満たされないのか』講談社現代新書による）

（注1）合コン：独身の男女が出会いの場として開く集まり。

（注2）生かす：よさ、能力を十分に引き出して使う。

28　（　①　）に入る最も適当なものは何か。

1　だから　　　　　　2　つまり　　　　　　3　さらに　　　　　4　いったい

29　②「今の若者の『当たり前』」とあるが、何を指すか。

1　何かの選択場面、決定場面に立たされたとき、よく悩むこと。

2　人生で大切なことを決めるとき、これからの幸福もよく考えること。

3　人生で大切なことも自分で選ばないで、あまり悩みを持たないこと。

4　悩みや葛藤を持たなくて、自分の人生を生きていないこと。

30　この文章の内容と合っているものはどれか。

1　就職も恋人も結婚も、自分で決めない人が多い。

2　恋人は自分で決める人が多いが、結婚相手は他の人に聞いて決める人が多い。

3　就職は自分で決める人が多いが、結婚相手は他の人に聞いて決める人が多い。

4　結婚相手は自分で決める人が多いが、恋人は他の人に聞いて決める人が多い。

（十一）

スポーツでも上達するためには何度も同じ練習を繰り返す必要がある。

日々の訓練によって筋肉に動きを覚えさせる。おしゃべりも基本的には同じで、体で覚えなければ上達しない。

会社で地位が上がったり、有名になると、人前でしゃべる機会が多くなるせいか、スピーチが次第にうまくなっていくような気がする。スピーチが上達していくのは、何度も場数を踏むことで緊張しにくくなるためでもあるが、それ以上に、ウケる (注1) ポイントが体で分かってくるためではないだろうか。

（中略）

スピーチをする際に困るのは、自分がしゃべっているうちに会場が白けて (注2) しまうこと。こうなると余計に緊張が高まって、スピーチがしどろもどろ (注3) になってしまう。こんなときにかねてから用意しておいた「笑いのツボ」、つまり絶対にウケる話をすれば会場が一気に和み、話を聞いてもらえる環境を作ることができる。

（　①　）普通の人はスピーチや挨拶をする機会はそんなに多くないので、「ウケるパターン」を体で覚えるところまではいかないという人もいるだろう。

しかし、しゃべりというのは何もパーティー会場だけであるものではなく、会社の朝礼や取引先との会話など普段からしているもの。日ごろの会話の中でも、自分のネタがウケているかどうかを客観的に判断するように意識することが肝心である。

そして、少しでもウケたネタがあったら、それを何回か使ってブラッシュアップし、絶対にウケるネタに仕上げていく。②そうすれば、スピーチに自信を持てるようになる。

「継続は力なり」は、やはりおしゃべりにも通じる真理なのである。

　　　　　　　　　　　（高嶋秀武『話のおもしろい人、つまらない人』PHP文庫による）

(注1) ウケる：気に入られる。

(注2) 白ける：気まずくなる。

(注3) しどろもどろ：話し方がきちんとしていない様子。

31　（　①　）に入る言葉として最も適当なものはどれか。

1　といっても　　　　　　　　　　2　だからこそ
3　そして　　　　　　　　　　　　4　そういうような

32　②「そうすれば」とあるが、どうすればいいか。

1　会場で話を聞いてもらえる環境を作る。

2　「ウケるパターン」を体で覚える。

3　客観的に判断するように意識する。

4　「ウケるパターン」をさらによくしていくように訓練する。

33 筆者の主張と最も合うのはどれか。

1　会社で地位が上がったり、有名になると、何度も場数を踏むことができる。

2　会場が気まずくなるとき、スピーチを継続していくようにする。

3　スピーチも上達するために何度も練習を繰り返し、体で覚えることが必要である。

4　緊張しないように体の訓練をすれば、スピーチに自信が持てるようになる。

（十二）

「風」とは、空気が動くことです。空気が動けば、それは「風」になります。つまり、空気の動きが「風」なのです。そして、その動く速度や、動き方によって「風」は様々な功罪をもたらします。

①空気は常に動いていて止まることはありません。地球自体が動いているためです。ですから地球上には厳密にいうと無風地帯はどこにもありません。たとえ人間には感じられなくても、空気はかすかでも動いています。もし、空気が停止したら、人間は酸素を求めて、常に動いていなければならなくなります。「風」が休むことなく動いているから、地球上の生き物が生きていられるのです。

この空気の動き、つまり「自然の風」は、常に速度と向きを変えていますが、地表に水平に動いています。風は、地表に近いところほど、その速度は遅く、上に行くほど速度が速くなります。というのは、地表近くでは、地面と風とが摩擦し合っているからです。

そしてその地表には、山あり、谷あり、川あり、海ありです。特に、大きな突起物である山の場合、風は山の表面をなぞりつつ、山を越えようとします。山にぶつかった風は、後ろからくる風に次々に押され、②その速度を増します。またその時、風は熱を持ちます。熱せられた風は、軽くなって一部がそのまま垂直に上昇していきます。

その上昇する風の場合は、全体の1%程度ですが、この1%の風が雲を作りそれが気圧と微妙に影響しあって、大雨をもたらしたり、逆に晴天をもたらして砂漠化の原因を作るなど様々な悪さをします。

（永井隆昭『今日からモノ知りシリーズトコトンやさしい風力の本』日刊工業新聞社による）

34 ①「空気は常に動いていて止まることはありません」とあるが、なぜか。

1　空気の動く速度や動き方によって「風」になるから。

2　地球自体が動いているから。

3　地球上の生き物が生きていられるから。

4　様々な「風」があるから。

35 ②「その速度」とあるが、何を指すか。

　　1　山にぶつかった風の速度。

　　2　川と海の上を水平に動く風の速度。

　　3　後ろからくる風の速度。

　　4　熱せられて上昇する風の速度。

36 文章の内容と合っているのはどれか。

　　1　地球上に無風地帯はあるから、人間は常に動かなければならない。

　　2　地面と風が摩擦し合っているから、地表に近いところほど風の速度は遅い。

　　3　風があるから、地表には山、谷、川、海などあるようになった。

　　4　山を越えて行く風は、大雨や晴天をもたらし、様々な悪さをする。

精 解 专 栏
独家发布

（一）

1　正确答案是**1**。

年齢違いの子どもたちが集まって遊んで暮らすこと。（年龄不同的孩子聚在一起，一同玩耍。）

该题目属于关键词语解释类问题。这类题型的答案一般在前面的句子中寻找，而不是在后面的句子中寻找。解答该题的关键句子是：「年齢違いの子どもたちが集まって、日がな一日、遊んで暮らす。そのどこがいいか。」（年龄不同的孩子们在一起，整天一起玩耍生活。这有什么好呢？）从该句子中可以看出，选项1是正确的，选项2、3、4所表示的是文章后面叙述的内容，均为对其有好处的解释。

其他选项分别是　2　年齢順送りに、子どもたちが年下の子供の面倒をみること。／按照年龄的顺序，（年龄大的）孩子们照顾年龄小的孩子。
　　　　3　学習での予習すること。／学习中的预习。
　　　　4　フィートバックを繰り返すこと。／反复重复"输入"和"输出"。

2　正确答案是**3**。

年上の子どもが自分より年下の子供の面倒をみること。（年龄大的孩子照顾比自己年龄小的孩子。）

该题目属于关键词语解释类问题。解答该题的关键句子是：「年上の連中は、自分がついこの間までそうであった状態を、年下の子どもの面倒をみることによって再確認する。つまり学習でいうなら、復習をするのである。」（年龄大的孩子在照顾年龄小的孩子时，可以对自己所经历过的这段时间的状态进行再次确认。也就是说用学习来比喻的话，好比复习。）在选项中：1和4的内容如果用学习来比喻的话，可以看作是学习本身，而2的内容则可以看作是预习。

其他选项分别是　1　発育の違う子どもたちが集まって遊ぶこと。/发育不同阶段的孩子们聚在一起，一同玩耍。

　　　　　　　　　　2　子どもが自分より発育の進んだ子どもと接すること。/孩子接触比自己大的孩子。

　　　　　　　　　　4　異世代の子どもたちが団子になって遊ぶこと。/不同年龄的孩子聚在一起玩耍。

<hr>

3　正确答案是1。

　　子どもたちだけで遊んでいるのは、子どもの成長によいことだ。（孩子们自己玩，对他们的成长是有好处的。）

　　该题目属于总结类问题，解题的关键在文章的最后一段。因此解答该题时也需要在最后一段寻找正确答案。「私はそれは逆ではないかと思う。子どもの集団のなかで育つほうが、じつは上に述べたように、ていねいに育っているのかもしれないのである。」（我认为那是王相反的。孩子们在集体中成长，就像上面所叙述的那样，或许是一种精心的教育方式。）在选项中：2的内容文章中并未体现；3的内容属于对文章内容的错误理解，文章中是说照顾别人对孩子的成长有好处，并不是说不照顾别人就不能成长；4同样是对文章的错误理解，作者是以学习为例讲述如何教育和培养孩子，而不是如何使孩子取得好的成绩。

其他选项分别是　2　子どもたちだけで勉強せずに親が教えたほうがよいことだ。/孩子们自己不学习，父母教育会好一点。

　　　　　　　　　　3　子どもたちは常にだれかが面倒をみていないと成長できないものだ。/孩子如果不经常照顾别人就不能成长。

　　　　　　　　　　4　子どもたちは良い成績をとるために、予習と復習を繰り返すことが必要だ。/孩子们为了取得好的成绩，有必要不断地进行预习和复习。

（二）

4　正确答案是4。

　　副作用が出る可能性が高いのはどんな体質の人かが不明。（还不明确哪种体制的人容易产生副作用。）

　　该题目属于关键词理解类问题。解题的关键在于理解上下文的意思。该题中的关键内容为：「その5％は全体での割合ですが、どんな体質の人だと高く、どんな体質だと低いのかは、まったく不明です。」（那个5％是整体的比例，至于什么样体质的人概率高，什么样体质的人概率低，尚不明了。）

其他选项分别是
1 重大な病気にかかった人は薬を服用して治るかどうかが不明。/得了重病的人服用药物后能否治愈尚不明了。
2 どんな体質の人が病気になりやすいかが不明。/什么样体质的人容易生病尚不明了。
3 重大な病気にかかりやすいのは何%の人かが不明。/容易得重病的人有百分之几尚不明了。

5 正确答案是3。

医者Aの言い方を聞いて、その薬を使用する患者が多くなるそうだ。（听A医生说，使用那种药的患者增多。）

该题目属于综合理解类问题。该题的解题关键在于将每个选项的内容与文章内容相比较。与选项3对应的文中句子为：「医者Aの言い方のほうが、その薬の使用をためらう患者さんは一般的に多くなるそうです。」（对于A医生的说法，好像有很多患者比较犹豫是否使用那个药。）关键词是「ためらう（踌躇，犹豫）」。

其他选项分别是
1 この薬を服用すると、5%の患者が重大な副作用が起きる。/服用这个药之后，会有5%的患者产生严重的副作用。
2 この薬を服用すると、20人につき1人は重大な副作用が起きる。/服用这个药之后，20个人里会有一个人产生严重的副作用。
4 医者Aと医者Bが言っていることは基本的に同じです。/A医生和B医生说的内容基本上是一样的。

6 正确答案是3。

同じ数字でも、言い方によって聞き手の反応が違う。（即使是相同的数字，因表达方式不同，听的人会有不同的反应。）

该题目属于综合理解归纳类问题。该题的解题关键在于把握文章的整体内容并对其进行归纳。选择正确答案时需要注意选项内容是否概括得全面。在选项中：1和2的内容文章中虽稍有提及，但并不是该文章所要表达的中心思想；4的内容文章中并未提及。

其他选项分别是
1 重大な病気にかかっても、有効な薬がある。/即使得了重病，也是有特效药的。
2 いくら有効な薬でも、副作用が起きる可能性がある。/就算是特效药，也有可能产生副作用。
4 同じ数字でも、言い方によって違う数字になる。/即使是同样的数字，因表达方法不同可成为不同的数字。

（三）

☑7　　正确答案是3。

注意をしていない人々。（没有提醒他人的人们。）

该题目属于关键词语理解类问题。解答该题的关键句子是：「自らは何の行動も取っていないのだから、『ゼロコスト』で、そのような利益を得たことになる。」（因自己本身没有采取任何行动，因此可以说是用"零成本"获得了利益。）通过该句子，可以看出"自己"是没有采取行动的人，从上下文意思可以看出"是没有提醒别人的人"。

> 其他选项分别是　1　注意をする人。/提醒他人的人。
> 　　　　　　　　2　注意をされる人。/被他人提醒的人。
> 　　　　　　　　4　注意をされていない人々。/没被他人提醒的人们。

☑8　　正确答案是3。

一方で（另一方面）。

该题目属于关键词语填空的问题。解答该题的关键是掌握上下两个句子之间的意思及关系。从本篇文章来看，上半句为「注意をする人も、そのことで得することもあるかもしれない」（提醒别人的人，可能会从中得到利益），下半句为「行動することにはエネルギーが必要であり、喧嘩になったり、不快な思いをしたりするリスクもある」（这种行为本身需要能量，也有或吵架或其他不愉快事情发生的风险）。根据上下两句的内容来看，说的是一个事情的两个方面，选项中只有3可以连接上下文。在选项中：1表示不用争论就已经可以得出结论的语气；2表示将前文的内容做一个简短概括；4表示与前面叙述的内容无关，仍做某事的意思。

> 其他选项分别是　1　もちろん。/当然。
> 　　　　　　　　2　つまり。/也就是说。
> 　　　　　　　　4　にもかかわらず。/尽管如此。

☑9　　正确答案是1。

自分には損になる可能性があっても、他人のためにする行動。（即使有可能对自己不利，单纯为别人的行动。）

该题目属于关键词语解释类问题，文章中的关键句子是：「必ずしも自分の得にならない、むしろ損になるかもしれないのに、他人の利益のためにあえてする、というのが利他行動である。」（不一定对自己有利，甚至会对自己不利，只是为了别人的利益而行动的行为称之为利他行为。）其他选项均为错误理解。

其他选项分别是	2	自分自身も豊かな気分になれるように、他人のためにする行動。/为了让自己的精神世界变得充实而采取的利他行为。
	3	他者の利益は結局自分の利益になると考えてする行動。/考虑到他人的利益最终会变成自己的利益而采取的行动。
	4	自分が損をする可能性を考えず、他人のことだけを考えてする行動。/不考虑对自己不利只考虑他人而采取的行动。

（四）

10　正确答案是**3**。

立ち止まって考えたり、新しい着想を得たりすること。（可以停下来仔细深入思考，或者有新的思路。）

该题目属于关键词语解释类问题，关键词是「新聞のよさ」（报纸的好处）。解答该题的关键首先在于分清该文章的段落结构。第一、二段总体概括了可以通过看报纸或看电视了解新闻；第三、四段说明了看电视的优势与缺陷；第五段说明了看报纸的好处；第六段再次对电视与报纸进行了对比说明。由此答案可以从第五段中寻找。在选项中：1、2、4均可以认为是表述与电视相关的内容。

其他选项分别是	1	目とか耳とかの感覚を働かせること。/让视觉和听觉动起来。
	2	興味深い映像が出てきたら、よほど印象深いこと。/如出现很感兴趣的影像就会留下很深的印象。
	4	見る側が印象深いものだけ思い出す。/看的人只能想起印象深刻的东西。

11　正确答案是**1**。

テレビの映像を見て感覚的な刺激を受けるとき。（观看电视的影像并受到感觉上的刺激时。）

该题目属于关键词语解释类问题。因题干中涉及指示代词，故答案一般在前面寻找，该题的解题关键为「映像から得る感覚的な刺激」（从影像上得到的感觉的刺激）。

其他选项分别是	2	新聞を読むとき。/读报纸时。
	3	印象深いものを思い出すとき。/想起印象深刻的画面时。
	4	違うものを創り出すとき。/创造出不同事物时。

12 正确答案是3。

新聞より、感覚に訴える要素が多いテレビのニュースのほうがよくわかる。（比起报纸，带来更多感观的电视新闻更容易让人理解。）

该题目属于把握整体类问题，主要考查对全篇文章的理解程度。解答该题可以先看选项内容，再回到文章中找到与其相对的句子，然后比对是否正确。在选项中：1、2、4均与原文意思一致。

其他选项分别是　1　ニュースを知るために、テレビは新聞より楽だし早いと思う人がいる。/有人认为想了解新闻，电视比报纸又轻松又快。

　2　立ち止まって考えることができる新聞には、すぐに消えてしまうテレビにはないよさがある。/相比马上就转到下一画面的电视，可以停下来思考的报纸有电视不具备的优点。

　4　映像は次々に消え、移っていくのがテレビの特色であると同時に欠陥でもある。/影像不断消失不断转换既是电视的特点也是缺点。

（五）

13 正确答案是1。

数学などに凝っていたとき。（沉迷于数学的时候。）

该题目属于关键句子理解的问题，关键句子是：「あれはいつのころだったか、まだ、数学などに凝っていたときだ。」（那是什么时候的事呢，是还沉迷于数学的时候。）其他选项虽然在文中均有所提及，但并不是该题的正确答案，而是描述这件事情本身所涉及的细节。

其他选项分别是　2　午前2時友人に電話をかけるとき。/凌晨2点给朋友打电话时。

　3　相手の怒った声を聞いたとき。/听到对方生气的声音时。

　4　相手にあやまったとき。/向对方道歉时。

14 正确答案是2。

午前2時という非常識な時間に友人に電話をしたから。（因为在凌晨2点这个不应该打电话的时间里给朋友打电话了。）

该题目属于关键句子的理解类问题。解答该题的关键句子是：「たとえ、友人だとはいえ、午前2時に電話をかけるのは、少し非常識だったな。あやまる。ごめん！」（就算是朋友，在凌晨2点打电话，确实有点没常识没礼貌。我道歉。对不起。）在选项中：1文章中并未提及朋友因此而生气，文章中仅交代了事情的背景是作者与朋友竞争解题，在

作者解答出题目时给朋友打电话；3文章中并未提及；4文章中仅描述了作者在电话里大声说话，并未提及朋友因此而生气。

其他选项分别是
1　問題がまだ解けていない友人の気持ちを考えずに電話をしたから。／因为没有考虑还有未解开问题心结朋友的心情而打了电话。
3　自分から電話をかけたのに、はじめに名前を言わなかったから。／因为是我先打的电话，可却没有先说自己的名字。
4　問題を解けた嬉しさのあまり、電話で叫んだから。／因为解开问题太高兴了，在电话里叫了出来。

15　正确答案是3。
電話番号はまちがえないようにかけろ。（打电话也别弄错电话号码啊。）

该题目属于考查上下文理解类问题，也可理解为关键句子填空类问题。解答该类题型需要理解上下文之间的联系。解答该题的关键句子是：「そして、ガチャン。そういえば、相手の声は友人のそれではなかった。」（然后，挂断。这么说起来，对方的声音确实不是朋友的声音。）由此可以看出作者拨错了电话号码。正因为打错了电话，打扰了对方的休息，所以对方才生气。

其他选项分别是
1　そんなことで深夜に電話をかけるな。／别为那样的事在半夜打电话。
2　相手のことを考えて電話をかけろ。／考虑一下对方再打电话啊。
4　午前2時の電話で叫ぶな。／别在凌晨2点的电话里大喊大叫。

（六）

16　正确答案是1。
気圧が低いので、水が100度以下で沸騰するから。（因为气压低，水在100度以下就沸腾了。）

该题目属于关键句子理解类问题。解答该题的关键句子是：「高山の頂上で飯を炊くと、気圧が低いので水が100度以下で沸騰してしまい、芯のあるめしになる、ということの逆の現象が起こるわけだ。」（在高山顶上做饭，因为气压低所以水在100度以下沸腾，就出现米饭有硬芯的现象。（压力锅）与此现象相反。）在选项中：2和3不符合常理；4是描述压力锅的。

其他选项分别是　2　気圧が低いので、湯の温度が110度とか120度になるから。/因为气压低，热水的温度达到110度或120度。

3　気圧が高いので、水が100度以下で沸騰するから。/因为气压高，水在100度以下沸腾。

4　気圧が高いので、湯の温度が110度とか120度になるから。/因为气压高，热水的温度达到110度或120度。

17　正确答案是**3**。

水蒸気が逃れるところがなく、煮ても水が減らないから。（水蒸气无处可逃，就是煮（很长时间）水也不会减少。）

该题目属于把握文章整体意思类问题。解答该题的关键在于分清文章中各段落之间的联系。该文章中第四段主要讲为什么普通的锅需要多一点的水分；第五段则主要讲压力锅为什么用很少的水。关键句子是：「圧力鍋で煮ると、その水蒸気がどこへも逃げない。そして温度が下がるとまた水になる。」（用压力锅煮饭，水蒸气无处可逃，而且温度下降后又变成水。）在选项中：1仅描述了高压锅煮饭的客观情况；2的描述本身就不严谨；4虽然是描述高压锅的客观情况，但并不是该题的解题关键。

其他选项分别是　1　10分ほど加熱すればやわらかく煮えるから。/因为加热10分钟就可以煮得很软。

2　気圧が高いので、水の沸騰点が高くなるから。/因为气压高，水的沸点就高。

4　圧力鍋はとっても科学的な鍋であるから。/因为压力锅是非常科学的锅。

18　正确答案是**2**。

ところが（但是）。

该题目属于考查接续词类问题，解题时需要注意上下文之间的联系。从文中可以看出接续词连接的两个段落是对于普通锅和压力锅的解释说明，就上下文之间的关系来看，是将普通锅与高压锅进行对比说明。在选项中：1表示两个选项中的一个；3有转折的意思，即与前文叙述无太大关系，仍坚持要的意思；4表示对同一事物描述时，除了其一还有其二的意思。

其他选项分别是　1　あるいは。/或者。

3　だからといって。/虽说如此。

4　そればかりでなく。/不仅如此。

（七）

19　正确答案是**4**。

25時間（25小时）。

该题目属于理解上下文类问题。解答该题的关键句子是：「港を出てから横浜に着くまで毎日寝る前に1時間時計を遅らせるように船員に言われた。」（船员告诉我说从离开港口开始一直到抵达横浜，每天睡觉前要使钟表慢一个小时。）在选项中：1基本可以排除，文章中并无任何内容提及20小时；2容易弄混，根据文章内容"使钟表慢一个小时"，即可以理解为将表向前调一小时，因此有一个小时是重复的，而不是选项2的少了一个小时；3中的24小时也是错误的，24小时是正常的时间，没有做改动的时间。

<blockquote>

其他选项分别是

1　20時間/20小时。

2　23時間/23小时。

3　24時間/24小时。

</blockquote>

20　正确答案是**4**。

日付変更線に着くまで毎日時計を1時間遅らせなければならない。（直至到达日期变更线时止，每天都将钟表向前调一个小时。）

该题目属于考查理解全文类的问题。解答该类题型时，可以先从选项入手，将选项的内容放到原文中，与原文进行对比。文中的正确表达是从离开港口开始一直到抵达横浜，每天都要使钟表慢一个小时，但到达国际日期变更线时，需要向前调一天。

<blockquote>

其他选项分别是

1　9カ月の留学生活を終えて船で帰国することにした。/结束了9个月的留学生活，决定坐船回国。

2　小学校の教師であったシックラーさんは息子と二人で日本へ旅行に行った。/曾是小学教师的西古拉和儿子两个人去日本旅行。

3　シックラーさんは、乗船していた人たちに誕生日を祝ってもらった。/乘船的人们为西古拉庆祝生日。

</blockquote>

21　正确答案是**2**。

失われた誕生日（消失的生日）。

该题目属于总结概括类问题。解答该类题型需要把握全文的中心思想。在选项中：1虽然文中均有提及，但并不能概括该篇文章的中心思想；3的内容表达不准确，作者描写的回忆不是在留学的国家而是在留学结束归国途中；4的内容同样表达不准确，晚会并不是庆祝退休的晚会而是庆祝生日的晚会。

其他选项分别是　1　貨客船と時間。/客货船和时间。

　　　　　　　　3　交換留学先での思い出。/在留学地方的回忆。

　　　　　　　　4　定年退職のパーティー。/退休晚会。

（八）

22　正确答案是3。

　　爽快な甘みを感じること。（感觉到爽快的甜味。）

　　该题目属于关键词语理解类问题。关于指示代词的解释，答案一般需要从前文内容中查找。解答该题的关键句子是：「谷川のわき水などを口に含んだとき、爽快な甘みさえ感じるという人もいますが、確かに、砂糖水の甘みではなくもっとキリッとした甘みです。どちらかといえばレモン水に近いわけで、これも水の冷たさが味覚神経を刺激したからでしょう。」（将山涧涌出的水含在嘴里时，有人会感到很爽快的甜味。而且，不是糖水的甘甜而是更强更尖锐的甜味，和柠檬水很相近，这也是因为温度低的水刺激了味觉神经吧。）简单表述即为"将山涧里涌出的水含在嘴里感觉到甜味，也是因为它刺激了味觉神经"。

其他选项分别是　1　生ぬるくなったミネラルウォーター。/变得温吞吞的矿物水。

　　　　　　　　2　のどごしがさわやかなこと。/穿过喉咙的清爽感觉。

　　　　　　　　4　砂糖水の甘みが含まれること。/含有糖水的甜味。

23　正确答案是2。

　　体温マイナス25℃くらいの水。（比体温低25度左右的水。）

　　该题目属于整体把握类问题。解答该题的关键在于理解文章各段落间的联系。该题的解题关键是第三段的「11℃前後の水が一番おいしい」（11度左右的水最好喝）、第四段的「この温度の水は、舌の表面にある味覚神経のなかの、酸味を感じる部分を刺激して」（这个温度的水会刺激舌头表面的味觉神经中感觉酸味的部分）、第六段的「酸味には気持ちの緊張をやわらげる働きがあります」（酸味有缓解紧张情绪的作用）。在选项中：1文章一开始便说不好喝；3的内容不全面；4同样表达得不全面。

其他选项分别是　1　生ぬるくなったミネラルウォーター。/温吞吞的矿物水。

　　　　　　　　3　大勢の人に実験しておいしいといわれる水。/大部分人做实验后说好喝的水。

　　　　　　　　4　味覚神経を刺激する水。/刺激味觉神经的水。

24　正确答案是4。

味覚神経は体温によって働き方が変わる。（味觉神经随体温的变化工作方式也变化。）

该题目属于整体把握类问题。解答该类题型时，可以先从选项入手，将选项中的内容还原到文章中，再将选项内容和文章内容进行比较。

其他选项分别是

1　生ぬるくなったミネラルウォーターはおいしくないのは温度に原因がある。/温吞吞的矿物水不好喝和温度有关。

2　大勢の人に実験して体温マイナス25℃くらいの水が一番おいしい。/通过很多人的实验，发现低于体温25度左右的水最好喝。

3　11℃くらいの水は、味覚神経のなかの酸味を感じる部分を刺激できる。/11度左右的水，能刺激味觉神经中感觉酸味的部分。

（九）

25　正确答案是2。

新幹線で隣に女が座ること。（乘新干线时旁边坐着女士。）

该题目属于关键词语解释类问题。解答该题的关键句子是：「隣に女が座ってくれることを希望していた。新幹線に乗るときは、たいてい仕事をしようと思っているから、気になるような女が隣に座ったら、仕事に身が入らないはずだ。いいかえれば、仕事をしなくて済むはずだ。」（曾希望旁边坐着的是位女士。因为乘坐新干线时基本上都是打算用工作打发时间的，但如果旁边坐着位养眼的女士，就不用工作了。换句话说，可以不用工作打发时间了。）另外，根据文章的下文，作者一一列举了旁边是孩子、中学生、老人等等不便之处，因此该题的正确答案是2。在选项中：1不是作者最初的美好愿望，而是到最后发现中年男子坐在旁边也是不错的选择；3为干扰选项；4文章中并未提及。

其他选项分别是

1　新幹線で隣に中年男が座ること。/乘新干线时旁边坐着中年男士。

3　新幹線で仕事に身が入らないこと。/乘新干线时不能集中心思工作。

4　新幹線で隣に誰も座っていないこと。/乘新干线时旁边没有人坐。

26 正确答案是4。

禁煙車両は子どもがうるさいから。（因为禁烟车厢里孩子太吵了。）

该题目可以理解为关键句子解释类问题，也可以看作上下文理解类问题。解答该题的关键句子是：「そういう経験が何回も重なり」（这样的事情经历了好几次），而这时需要找出"这样的事情"是什么样的事情，指示代词的理解一般需要到前文中去寻找。前文中「前後の席で騒ぐ子供である」可以看作解题的关键句子。在选项中：1和3的内容文章中并未提及；2的内容并非解答本题的关键，虽然作者在文章开始时交代说希望女士坐在旁边，但文章并未提及吸烟车厢的女士乘客一事。

> 其他选项分别是
>
> 1　タバコを吸うつもりだから。/因为想吸烟。
>
> 2　女が隣に座るかもしれないから。/因为或许旁边会坐着女士。
>
> 3　子供の親がいるから。/因为孩子的父母在。

27 正确答案是3。

騒がないで静かにしているから。（因为不吵很安静。）

该题目属于关键句子解释类问题。但该题中涉及到的关键句子是在文章最后且贯穿文章结构始终的句子，因此该题也可以理解为总结类问题。解答该题的关键句子是：①「子供が近くにいるときは、まず仕事にならない。何よりも、ぐっすり眠れない。」②「喫煙車両に乗ったとき、どこかの体育会系の大学生の団体が周りを取り囲むように座り、子供以上に大きい声で騒ぎまくった。」③「次に老人は隣に座るなり、降りるまでの数時間、途切れることなく激しい咳をし続けた。」④「そういう事態に比べれば、中年男は歓迎すべき隣人だ。」前三句历数了旁边座位上是孩子、大学生、老人等的不便，第四句则得出结论，与以上相比中年男士是值得欢迎的。在选项中：1文章中以假设的语气提及并不是解题关键；2中年男士确实比老人年轻，但这不是解题关键；4文章中并未提及。

> 其他选项分别是
>
> 1　暴力団の団体ではなかったから。/因为不是暴力团的集体。
>
> 2　高齢の人より若いから。/比老人年轻。
>
> 4　年齢に近いし、仕事に集中できるから。/因为年纪相仿，可以专心工作。

（十）

28 正确答案是2。

つまり（换言之/也就是说）。

该题目属于关键词语填空类问题，需要注意上下文之间的关系。解答该题的关键句子是：「私たちはどんな時に悩むのだろう。就職を決めたとき、A社にするかB社にするか

で悩む。今交際している彼女と結婚するべきかどうかで悩む。（　①　）何かの選択場面、決定場面に立たされたときに悩むのである。」关键词语前后句子之间通过判断基本为同一句义，后面句子可以看作是前面句子的总结概括。因此选项2的「つまり」表示承接上文，并且后面的句子起到对前文的总结概括作用。在选项中：1表示因果关系；3表示更进一步的说明；4与疑问词同用时，表示强烈的疑问语气。

其他选项分别是
1　だから。/因此。
3　さらに/更……。
4　いったい/到底，究竟。

27　正确答案是3。

　　人生で大切なことも自分で選ばないで、あまり悩みを持たないこと。（人生中重要的事情自己都不做选择，没什么烦恼。）

　　该题目属于关键词语解释类问题。解答该题的关键句子是：「就職と結婚は、人生の二大イベント。よい配偶者に恵まれて、自分を生かせる仕事に就く。これが今も昔も、幸福の二大条件である。この二つを自分で選ばないのなら、確かに大した悩みも葛藤も生まれてこないだろう。」（工作和结婚，是人生中的两件大事。找个好配偶，做份实现自我的工作。无论在过去还是现在，都是幸福的两大条件。如果这两件事都不自己做选择，那确实就没有什么大的烦恼纠葛了吧。）在选项中：1的内容是描述作者理解的普遍意义的选择时的烦恼；2的内容同样为作者认为的一般意义上做决定时的态度；4表示作者对现在年轻人的看法。

其他选项分别是
1　何かの選択場面、決定場面に立たされたとき、よく悩むこと。/在面临选择场面、决定场面时，总是烦恼。
2　人生で大切なことを決めるとき、これからの幸福もよく考えること。/做人生中重要的决定时，总是考虑今后的幸福。
4　悩みや葛藤を持たなくて、自分の人生を生きていないこと。/没有烦恼纠葛，没有活出自己的人生。

30　正确答案是1。

　　就職も恋人も結婚も、自分で決めない人が多い。（无论是就业还是择偶、结婚，自己不做决定的人很多。）

　　该题目属于总结性问题。解答该题的关键句子是：「今の若者のうち『どの会社に就職するか』を『自分で決める』のはわずか18%」（现在的年轻人中仅有18%的人自己选择就职于哪家公司）、「驚きなのは『恋人』を『自分で選ぶ』若者が、わずか29%であ

るこど」（令人惊讶的是自己选择恋人的仅有29%）、「『今付き合っている恋人と結婚するかどうか』を『自分で決める』若者はさらに少ない（22%）」（对是否与现在的恋人结婚这一问题，回答自己决定的更少（22%））。从以上三个句子可以看出"自己做决定"占的百分比相对较低。

其他选项分别是

2　恋人は自分で決める人が多いが、結婚相手は他の人に聞いて決める人が多い。/恋人由自己决定的较多，结婚对象方面听从他人意见再做决定的人多。

3　就職は自分で決める人が多いが、結婚相手は他の人に聞いて決める人が多い。/就业由自己决定的较多，结婚对象方面听从他人意见再做决定的人多。

4　結婚相手は自分で決める人が多いが、恋人は他の人に聞いて決める人が多い。/结婚对象由自己决定的人多，恋人方面听从他人意见再做决定的人多。

（十一）

31　正确答案是1。

といっても（虽说如此）。

该题目属于关键词语填空类问题。解答该类题型时，需要注意上下文之间的关系，特别是在段落开始时的关键词语填空，需要把握与前一段落之间的关系。解答该题的两个关键句子是：「こんなときにかねてから用意しておいた『笑いのツボ』、つまり絶対にウケる話をすれば会場が一気に和み、話を聞いてもらえる環境を作ることができる」、「普通の人はスピーチや挨拶をする機会はそんなに多くないので、『ウケるパターン』を体で覚えるところまではいかないという人もいるだろう」。前一句说明为了缓和会场气氛，制造听其讲话的气氛需要有"笑点（也就是容易让人接受能够缓解会场气氛吸引大家继续听下去的谈话内容）"。后一句的内容说明普通人的演讲或讲话的机会不是那么多，将"这样的内容"记住的人也不多吧。这样从前后句之间的关系来看，可以看出前后两句之间有转折的意思，是逆接关系。因此正确答案是1。在选项中：2表示因果关系；3表示顺接关系　4也是顺接关系。

其他选项分别是

2　だからこそ/正因为如此

3　そして/然后

4　そういうような/像那样的……

32 正确答案是4。

「ウケるパターン」をさらによくしていくように訓練する。（将笑料包袱不断地进行改良并练习。）

该题目属于关键词语解释类问题，解答此类题型需要从该关键词的前面寻找正确答案。解答该题的关键句子是：「少しでもウケたネタがあったら、それを何回か使ってブラッシュアップし、絶対にウケるネタに仕上げていく。」（有了稍微受欢迎的笑料包袱后，多使用几次并不断改良，使其成为绝对受欢迎的笑料包袱。）

其他选项分别是

1 会場で話を聞いてもらえる環境を作る。/在会场创造能听其讲话的环境。
2 「ウケるパターン」を体で覚える。/将笑料包袱用身体记住。
3 客観的に判断するように意識する。/意识到尽量要客观地判断。

33 正确答案是3。

スピーチも上達するために何度も練習を繰り返し、体で覚えることが必要である。（要想演讲能力进步也需要不断地练习，用身体来熟悉掌握。）

该题目属于综合理解类问题。解答该题的关键句子是：「スポーツでも上達するためには何度も同じ練習を繰り返す必要がある」（运动也是一样，要想进步需要不断地重复同样的练习）、「日々の訓練によって筋肉に動きを覚えさせる。おしゃべりも基本的には同じで、体で覚えなければ上達しない」（通过日复一日的训练使肌肉掌握动作要领。演讲也一样，必须通过身体来掌握）、「『継続は力なり』は、やはりおしゃべりにも通じる真理なのである」（"坚持就是力量"这句话看来在演讲方面也通用）。在选项中：1、2、4均与文章内容稍有不符。

其他选项分别是

1 会社で地位が上がったり、有名になると、何度も場数を踏むことができる。/在公司中的地位提升了，或是有名了，上场的次数就能增加了。
2 会場が気まずくなるとき、スピーチを継続していくようにする。/会场的气氛很尴尬时，尽量继续进行演讲。
4 緊張しないように体の訓練をすれば、スピーチに自信が持てるようになる。/只要将身体训练到不紧张的程度，就可以对演讲有自信了。

（十二）

34 正确答案是2。

地球自体が動いているから。（因为地球自转。）

该题目属于关键句子理解类问题。解答该题的关键句子是：「地球自体が動いているためです。」（因为地球本身在动。）所以才有后面的"严密地讲地球上没有无风地带"。在选项中：1本身说法不正确，因空气动才形成风，而不同的速度不同的运动方式使风有各种各样的功与过；3与4属于干扰选项。

其他选项分别是　1　空気の動く速度や動き方によって「風」になるから。/因空气的运动速度和运动方式不同形成风。
　　　　　　　　　3　地球上の生き物が生きていられるから。/因为地球上的生物能生存。
　　　　　　　　　4　様々な「風」があるから。/因为有各种各样的风。

35　正确答案是1。
　　山にぶつかった風の速度。（碰撞到山的风的速度。）
　　该题目属于关键词语解释类问题，且属于指示代词类问题。解答该题的关键句子是：「山にぶつかった風は、後ろからくる風に次々に押され、その速度を増します。」（碰撞到山的风，又被后面来的风不断地推压，其本身的速度就会增加。）因此正确答案是选项1。在选项中：2与4在文章中并未提及；3是容易选错的干扰项，从解答该题的关键句看，文章中只提及到该类风，但没提及其速度。

其他选项分别是　2　川と海の上を水平に動く風の速度。/在河和海上水平运动的风的速度。
　　　　　　　　　3　後ろからくる風の速度。/从后面来的风的速度。
　　　　　　　　　4　熱せられて上昇する風の速度。/受热后上升的风的速度。

36　正确答案是2。
　　地面と風が摩擦し合っているから、地表に近いところほど風の速度は遅い。（因与地面摩擦，所以越接近地表的风速度越慢。）
　　该题目属于综合理解类问题。解答该类题型需要理解文章的通篇意思，并掌握关键句子。在选项中：1的内容与文中描写的相反；3的内容也与文章内容不一致，地球表面的山、谷、河、海并不是由风所形成的；4的内容中形成大雨或晴天等各种天气的不是超越山峰的风而是受热后上升的风。

其他选项分别是　1　地球上に無風地帯はあるから、人間は常に動かなければならない。/地球上因为有无风地带，所以人必须经常动。
　　　　　　　　　3　風があるから、地表には山、谷、川、海などあるようになった。/因为有风，所以地球表面有了山、谷、河、海等。
　　　　　　　　　4　山を越えて行く風は、大雨や晴天をもたらし、様々な悪さをする。/超越山峰的风，带来了大雨或晴天，有很多不好的影响。

模拟考场

限时：12分钟

**問題11　次の（1）から（3）の文章を読んで、後の問いに対する答えとして最もよい
　　　　ものを、1・2・3・4から一つ選びなさい。**

（1）

　人の会話というのは、言葉としては案外成り立っていないことが多い。ずっと昔、母
親と話をしていて①そう痛感したことがある。

　たとえばの話。私が母に「この間より太ったみたいだけれどどうしたの」と訊く、
すると母は「服を買いにいったら大きなサイズの店にいけと言われて腹が立った」と続
ける。「甘いものを食べ過ぎなんじゃないの」と私が言うと、「どこそこの店の大福を
買ったらまずくて食べられたものじゃなかった」と母は言う。

　このように書き記してみれば、会話としてまったく成り立っていない。双方が双方の
思うままを口にしているだけである。

　②私はこの母とよく口論になった。この「思うまま会話」がどんどん進んでいくと、
最後に決まって母は「小説なんか書いてないで結婚したらどうか」という方向に結論づ
け、「あなたが太った話がなぜ私の結婚問題に結びつくのか」と私が突っかかり、口論
になるわけである。この口論だってもちろん、会話としては成り立っていない。その都
度、「母に私の言葉は通じないのだ」と腹立ち紛れに思ったものだった。

　しかしひょっとしたら、通じないと決めつけた私は、会話というものは「相手の言う
ことを耳で聞き、順繰りに理解する」はずだと信じていたのかもしれない。信じている
ふうに会話を進んでくれないことに、苛立っていたのかもしれない。

（角田光代「成立しない会話」『脳あるヒト　心ある人』産経新聞2006年1月16日付朝
刊による）

6G　①「そう痛感したことがある」とあるが、どんなことか。

1　相手の話を聞かず、自分の言いたいことを言うだけの会話をすること。

2　自分の話をきいているのか何度も確かめること。

3　相手の話を聞いていて腹が立って、嫌な会話をすること。

4　相手が話している話題について、相手の話の流れに合わせる会話をすること。

61 ②「私はこの母とよく口論になった」とあるが、口論になった原因は何か。

1　母の話は何が言いたいのかわかりにくいので、欲求不満を感じている。

2　母のことを思って話しているのに、どうしてわかってくれないのだろうと感じている。

3　母の話は始まりと終わりでは内容が異なり、しかも気に障る内容になることに対して不快感を持っている。

4　母が言いたいことを言い続けて人の話を聞かないので不満を持っている。

62 筆者は、会話がどのようなものだと考えていたか。

1　会話というのは、言葉として成り立っていないものだ。

2　相手の話の流れに沿って聞き、理解するべきものだ。

3　言葉の順番が決まっていて、会話が理性的なものだ。

4　お互いに相手の話を聞いて、口論にならないものだ。

(2)

　食べ物が豊富な日本で餓死者が出るなんて誰が想像できようか。だがまれに、そういうことが実際に起きる。電気もガスも止められ冷蔵庫も空っぽ、おなかを空かせて死んでいくなんてなんと悲惨なことだろう。誰もがそんなになるまでなぜ助けを呼ばなかったのかと疑問に思うだろう。だがその人たちが出す信号はわずかで、結局誰にも知られず、誰の助けもなくひっそりと息を引き取るのだ。積極的に自殺を選んだというより助けを呼ぶこともできなくて仕方なしに死んでいったと言える。

　だが日本の社会保障制度は完璧とはいえないけれど、餓死者を救えないほど不完全でもないはずだ。（　①　）、救われず放置される人々が存在する。彼らの死が明らかになったとき、決まって近所の住民は誰も彼らがそんなに困っていたとは知らなかったと言う。②彼らが気づいてさえいれば避けられた悲劇がそこにある。誰もが他人の生活に関心を持たなくなって久しい。近所づきあいが減少しているのだ。現代日本は隣にどんな人が住んでいるのかも知らない人が多いのだ。

　こんな時代だから福祉関係者の役割は重大だ。しかし多くの場合彼らさえ状況を把握しかねている。彼らが忙しすぎたり制度に欠陥があったりして漏れてしまっているのである。これでも経済大国か。そう言われているのが恥ずかしい。

63 （　①　）に入るのは、どれが一番いいのか。

1　それにもかかわらず　　　　　2　それにしても

3　それにつけても　　　　　　　4　それにしては

64 ②「彼ら」とあるが、誰のことか。

1　餓死者　　　　　　　　　　　2　近所の人たち

3　福祉関係者　　　　　　　　　4　現代日本人

65 食べ物が豊富な日本で餓死者が出るのが、なぜか。

1　おなかがすいても食べないから。

2　近所の人に助けを求めないから。

3　社会保障制度が不完全だから。

4　餓死するほど困っていることを誰も気づかないから。

(3)

　ある駅で、新婚カップルが新幹線に乗り込んできました。二人とも花束を手にし、賑やかに見送られて、これから新婚旅行に出かける様子です。列車がすべり出しました。ところが二人は、やおら花束を放り出し、それぞれにマンガを読み出したというのです。近くの座席で①それを見ていた人はがっかりして、なんともやるせない気持ちになったそうです。傍若無人にべたべたされるのも閉口ですが、あまりシラっとした雰囲気が漂うというのも、寒々しい景色に違いありません。もちろん、当人たちの自由ですけれども。

　向き合っているのに、ほんとうに真正面から向き合っていることができないということは、ちょっと困ったことであります。そして、ファミコンやマンガに夢中の子どもたちが成人し、結婚して、新婚旅行に出かけるときには、ますます②あんなふうになるのではないかと心配になってきました。

　じつは私だって人のことは言えないのでありまして、「あなたが毎日使っているご飯茶碗の模様を、すぐに言えますか」と問われて、答えられなかったことがあるのです。毎日出会っていながら、ほんとうには向き合っていなかったのですねえ。茶碗だけではなくて、毎日見ているはずのいろいろなものと、あまりにも出会っていないことに驚いています。毎日見るものと出会っていなければ、人についても同じに違いありません。あの新婚さんは、何のことはない。③私たちの姿なのかもしれません。

（草野栄應「新婚さんとご飯茶碗」「やさしい言葉」による）

66 ①「それを見ていた人はがっかりして、なんともやるせない気持ちになった」とあるが、なぜか。

1　新婚旅行は新幹線で行くから。

2　新婚カップルにお祝いの言葉を言ったが、無視されたから。

3　新婚カップルなのに、それぞれにマンガに夢中し、会話もないから。

4　傍若無人にべたべたしているから。

67 ②「あんなふうになる」とあるが、どんなふうになるか。

1　賑やかに見送られて、新婚旅行に出かける。

2　電車の中で周りを気にしてべたべたしない。

3 真正面から向き合うことができなく、ファミコンやマンガに夢中する。

4 新婚旅行に出かけることを心配する。

68 ③「私たちの姿なのかもしれません」とあるが、筆者が言いたいのはどれか。

1 日常的なものをいい加減に扱うのはやめようということ。

2 自分たちも同じようにそばにいながら見ていないものがあるということ。

3 他人の行動をみて、自分の行動に気づきなさいということ。

4 関心がないものに注目しないのはある意味でしようがないということ。

正解：1 3 2　　1 2 4　　3 3 2

精 解 专 栏
独家发布

（1）

`60`　　正确答案是**1**。

　　相手の話を聞かず、自分の言いたいことを言うだけの会話をすること。（不听对方讲的话，只说自己想说的。）

　　该题目属于关键句子理解类问题，解答该题的关键在于理解前后文的内容。该题的关键句子是：「人の会話というのは、言葉としては案外成り立っていないことが多い。」（人与人之间的对话，从语言角度看不能称之为对话的有很多。）问题中句子的后面，作者例举了其和母亲之间的对话，从后文中也可以看出作者所说的沉痛经历是什么。在选项中：2的内容虽然文中有所提及，但并不是最正确的答案；3的内容文中没有涉及；4的内容是作者一直以来认为正确的对话形式。

<table>
<tr><td rowspan="3">其他选项分别是</td><td>2</td><td>自分の話をきいているのか何度も確かめること。／多次确认是否在听自己说的话。</td></tr>
<tr><td>3</td><td>相手の話を聞いていて腹が立って、嫌な会話をすること。／听了对方的话很生气，令人很不爽的对话。</td></tr>
<tr><td>4</td><td>相手が話している話題について、相手の話の流れに合わせる会話をすること。／对于对方所说的话题，沿着其说话的脉络来进行对话。</td></tr>
</table>

`61`　　正确答案是**3**。

　　母の話は始まりと終わりでは内容が異なり、しかも気に障る内容になることに対して不快感を持っている。（母亲的话开始部分和结尾部分不一致，而且对母亲说的令人伤害感情的事抱有不满。）

　　该题目属于综合理解类问题。解答该题的关键在于理解前后段落的内容，尤其本篇文章属于举例说明作者观点类文章，因此需要理解作者举的例子所要表明的观点和态度。问题中句子的前一段落中列举了作者与母亲的对话，说明了对话有时都称不上对话，同一段落中作者列举了和母亲有时发生争论的对话。可以从中发现与母亲的对话总是前后不一，而且不管什么对话最后母亲都会提醒作者应该结婚了。在选项中：1错在作者并未在文章

中指出母亲的话难以理解；2虽然文章中有所提及，但不是解答该题的关键；4同样作者表达了不满，但并不全面。

其他选项分别是　1　母の話は何が言いたいのかわかりにくいので、欲求不満を感じている。/因母亲的话想要表达什么很难理解，所以感觉想要听明白的欲望没有得到满足。

2　母のことを思って話しているのに、どうしてわかってくれないのだろうと感じている。/明明为了母亲着想才说的话，为什么母亲就不能理解呢。

4　母が言いたいことを言い続けて人の話を聞かないので不満を持っている。/母亲总是不断地说自己想说的话而不听别人说，因此对母亲不满。

62　正确答案是2。

相手の話の流れに沿って聞き、理解するべきものだ。（应该顺着对方说话内容的脉络听，并理解其内容。）

该题目属于关键句子理解类问题，解答该题的关键句子是：「通じないと決めつけた私は、会話というものは『相手の言うことを耳で聞き、順繰りに理解する』はずだと信じていたのかもしれない。」（认定这不是对话的我，或许一直都认为对话就是用耳朵听对方说的内容，并按照其顺序进行理解。）在选项中：1和3都没能正确理解关键句子，没重视谈话对象；4与文章内容相悖，可以直接排除。

其他选项分别是　1　会話というのは、言葉として成り立っていないものだ。/对话一定是不符合语法规律的。

3　言葉の順番が決まっていて、会話が理性的なものだ。/话语的顺序是固定的，对话是理性的。

4　お互いに相手の話を聞いて、口論にならないものだ。/倾听对方的谈话，就不会再争吵。

（2）

63　正确答案是1。

それにもかかわらず（尽管那样，但）。

该题目属于关键句子填空类问题。解答时需要把握上下文之间的关系。解答该题的关键句子是：「日本の社会保障制度は完璧とはいえないけれど、餓死者を救えないほど不

完全でもないはずだ。」（日本的社会保障制度虽说不上非常健全，但还没达到不能救助饥饿而死的人的不健全程度。）「救われず放置される人々が存在する。」（不被救助而就那么不管的人还是有的。）结合前后文句义，可以看出前后句之间存在转折语气（矛盾语气），因此选项1的转折语气就比较适合本题。在选项中：2表示对前项肯定，不符合前后句子关系；3和4都没有逆接、转折的意思，不符合语境要求。

其他选项分别是	2　それにしても/即使是那样
	3　それにつけても/实在是
	4　それにしては/说来奇怪

64　正确答案是2。

近所の人たち（附近的人）。

该题目属于关键词语解释类问题。该篇文章中出现了多个「彼ら」，需要注意把握文章内容大意。解答该题的关键句子是：「彼らの死が明らかになったとき、決まって近所の住民は誰も彼らがそんなに困っていたとは知らなかったと言う。彼らが気づいてさえいれば避けられた悲劇がそこにある。」（可以说他们的死是附近的居民谁都没有注意到他们的困难造成的。如果他们注意到了可能就避免了悲剧的发生。）前面的「彼ら」是指饥饿而死的人们，后面的则是指附近的邻居们。因此正确的选项是2。

其他选项分别是	1　餓死者/饿死的人
	3　福祉関係者/社会福利工作人员
	4　現代日本人/现代的日本人

65　正确答案是4。

餓死するほど困っていることを誰も気づかないから。（因为谁也没有注意到身边的人因饥饿困扰而死的程度。）

该题目属于综合理解类问题。解答该题的关键句子是：「彼らが気づいてさえいれば避けられた悲劇がそこにある。誰もが他人の生活に関心を持たなくなって久しい。近所づきあいが減少しているのだ。現代日本は隣にどんな人が住んでいるのかも知らない人が多いのだ。」（他们要是注意到了就可以避免悲剧的发生。谁都不关心他人的生活已经由来已久。与附近的人的接触也少。现代日本连旁边的邻居是什么样的人都不知道。）在选项中：1完全不符合文章表述内容；2和文章内容不符，文章中说有过求救行为，只是没能引起关注；3表述错误，文章中说虽有这样的问题，但还不至于饿死人。

其他选项分别是
1　おなかがすいても食べないから。/因为就算肚子饿也不吃东西。
2　近所の人に助けを求めないから。/因为不向周围的邻居求助。
3　社会保障制度が不完全だから。/因为社会保障制度不完善。

（3）

66　正确答案是3。

　　新婚カップルなのに、それぞれにマンガに夢中し、会話もないから。（明明是新婚夫妇，却都沉浸在漫画中没有交谈。）

　　该题目属三关键句子理解类问题。解答该题的关键句子是：「これから新婚旅行に出かける様子です。列車がすべり出しました。ところが二人は、やおら花束を放り出し、それぞれにマンガを読み出したというのです。」（好像是去新婚旅行的样子。列车开始缓缓驶出。但是两个人却把花束放在一边，各自读起了漫画。）在选项中：1文章中虽然提及，但并不是周围人感到失望的原因；2的内容文章中并未提及；4的内容与文章中所叙述的不一致且不是该问题的原因。

其他选项分别是
1　新婚旅行は新幹線で行くから。/因为新婚旅行是乘坐新干线去的。
2　新婚カップルにお祝いの言葉を言ったが、無視されたから。/对新婚夫妇说了祝福的话，可他们却没理会。
4　傍若無人にべたべたしているから。/旁若无人地卿卿我我。

67　正确答案是3。

　　真正面から向き合うことができなく、ファミコンやマンガに夢中する。（不能正面地去面对，沉迷于计算机游戏或漫画。）

　　该题目属三关键句子理解类问题。解答该题的关键句子是：「向き合っているのに、ほんとうに真正面から向き合っていることができないということは、ちょっと困ったことであります。そして、ファミコンやマンガに夢中の子どもたちが成人し、結婚して、新婚旅行に出かけるときには、ますますあんなふうになるのではないかと心配になってきました。」该句子中说明了人与人之间虽然面对面，可却很难从正面去面对，那么沉迷于游戏或漫画就是一种逃避的方式。这样的孩子们成年、结婚、新婚旅行就会成为那个样子了。理解了该段话的内容，即可以找出正确答案。在选项中：1仅是叙述事情的背景；2虽然文章中有所提及，但两人不是因为在意电车里的其他人才不卿卿我我的；4的内容与本题无直接关系，属于干扰选项。

其他选项分别是

1　賑やかに見送られて、新婚旅行に出かける。/很多人来送行，去新婚旅行。

2　電車の中で周りを気にしてべたべたしない。/在意车中周围的人不卿卿我我。

4　新婚旅行に出かけることを心配する。/担心新婚旅行。

68　正确答案是2。

自分たちも同じようにそばにいながら見ていないものがあるということ。（我们也是一样，有些东西虽然在身边却看不到。）

该题目属于综合理解类问题，作者举了一个简单的例子，「『あなたが毎日使っているご飯茶碗の模様を、すぐに言えますか』と問われて、答えられなかったことがあるのです。」当被问到每天使用的饭碗的花纹时并不能马上回答，即我们有时对身边的实物熟视无睹，因此或许那对夫妇身上有我们的影子。

其他选项分别是

1　日常的なものをいい加減に扱うのはやめようということ。/请再也不要随意地对待日常的东西。

3　他人の行動をみて、自分の行動に気づきなさいということ。/请看到他人的行为时，也注意一下自己的行为。

4　関心がないものに注目しないのはある意味でしようがないということ。/不注意没有兴趣的东西，某种程度上讲是没有办法的。

问 题 12

综 合 理 解
——答题关键

- 两篇文章后有2个问题，考查学生对两篇有关联的文章中心思想的把握。其中包括对于关键词语或关键句子的解释，或者对两篇文章的比较。从文章后面的问题来看，与问题10的短篇阅读有类似的地方，但重点考查学生阅读的综合能力。

- 解答该类题型时，需要先读题干（一般题干部分会写出是关于什么方面的文章），这样会有大概的印象，之后再阅读文章。

- 解答关于比较两篇文章的问题时，最好将问题内容先弄清楚，之后带着问题去文章中寻找。另外要注意文章中的关键句子，并做出相应记号以便于解答。

<u>限时：6分钟</u>

問題12　次AとBはそれぞれ、ペットについて書かれた文章である。二つの文章を読んで、後の問いに対する答えとして最もよいものを、1・2・3・4から一つ選んでください。

A

　犬を連れて行けるレストランが増えてきた。近くのデパートも食料品売り場を除いて、抱いてもOKだ。カラフルな服を着せられた犬があちらにもこちらにもいる。クリスマスの時期にはサンタクロース、お正月には着物。宝石がついた首輪をつけてもらっている犬もいる。

　先日、原宿の帽子屋に入ったときのこと。店員に「ワンちゃんのお帽子もありますよ。どうぞ試着してください。」と言われた。うちの犬によく似合った。高いが買えない金額ではなかった。「でも……」と冷静に考えてやめた。そこまで親バカ（注）、いや、犬バカじゃない。そのかわりに、別の店でセーターを買ってやった。赤いのは持っていなかったから。ああ、私も<u>犬バカ</u>になりつつある。

B

　ペットブームが続いていますが、最近では人間だけではなく、成人病になり病院に通う犬や猫が増えてきました。これは、ペットを飼う人が人間とペットは別の動物だということを忘れてしまったからではないでしょうか。何万年も自然の中で生きてきた動物はそう簡単に、人間の生活には合わせられないものです。かわいがっているつもりでも、ペットには大きなストレスとなるのです。その結果人間ばかりか犬や猫まで成人病にかかり、寝たきりの犬や猫が出現してしまうのです。

　ペットだけではありません。最近動物園ではストレスのため、育児をしない動物が増えて問題になっています。

　人間は、動物と付き合うとき、動物が本来の生活行動がとれるように、より理解を深めなければならないのです。

（注）親バカ：周りからみるとおかしく思えるほど、親が子供をかわいがりすぎること。

69 Aの筆者の言う「犬バカ」とはどういう意味か。

1 犬の帽子が高いと思う飼い主。

2 犬に洋服を買ってやる飼い主。

3 犬に対して愛情をかけすぎる飼い主。

4 自分の子どもより犬のほうが大切と思う飼い主。

70 AとBで共通して述べられていることは何か。

1 人間は犬や猫とのことをつまらない生き物と思うこと。

2 人間は自分の飼っているペットは実は人間ではないかと思うこと。

3 犬や猫をペットにする人間が増えていること。

4 人間の生活に合わせられないペットがいること。

精 解 专 栏
独家发布

69　正确答案是3。

犬に対して愛情をかけすぎる飼い主。（对于狗投入太多感情的饲养者。）

该题目属于关键词语解释类问题，文章中出现了「親バカ」一词，该词的意思为过分宠爱孩子到了别人看来有点怪的地步。该题中的「犬バカ」可以认为是过分宠爱宠物的意思。解答该题可以从句子「そのかわりに、別の店でセーターを買ってやった。赤いのは持っていなかったから。ああ、私も犬バカになりつつある」中寻找正确答案。作为没有买那么贵的帽子的补偿，在别的店里买了毛衣，因为我家的狗没有红色的毛衣。从该事例中可以看出作者也非常宠爱狗，其他几个选项分别是饲养者投入过多感情的具体体现。

其他选项分别是
1　犬の帽子が高いと思う飼い主。/认为狗的帽子很贵的饲养者。
2　犬に洋服を買ってやる飼い主。/给狗买衣服的饲养者。
4　自分の子どもより犬のほうが大切と思う飼い主。/觉得狗比自己的孩子还重要的饲养者。

70　正确答案是2。

人間は自分の飼っているペットは実は人間ではないかと思うこと。（人们觉得自己饲养的宠物实际上不是动物，而是人。）

该题目属于综合理解类问题，尤其需要从两篇文章中找出相联系的答案。A文章中通过事例说明人们饲养的宠物已经将其当作人类来看了，关键句是：「カラフルな服を着せられた犬があちらにもこちらにもいる。クリスマスの時期にはサンタクロース、お正月には着物。宝石がついた首輪をつけてもらっている犬もいる。」B文章中指出最近得成人病的动物并不少见，还有因为压力的原因不愿哺育下一代的。作者认为「これは、ペットを飼う人が人間とペットは別の動物だということを忘れてしまったからではないでしょうか。」在选项中：1两篇文章中均未提及；3的内容两篇文章均未正面提及；4的内容A文章中并未提及。

其他选项分别是

1　人間は犬や猫とのことをつまらない生き物と思うこと。/人类认为猫狗是无聊的生物。

3　犬や猫をペットにする人間が増えていること。/将猫或狗作为宠物的人们增加了。

4　人間の生活に合わせられないペットがいること。/有适应不了人类生活的宠物。

魔鬼训练

（一）

A

　　ニュースを見たとたん、思わず「まさか」と声をあげてしまった。病院のケアレスミスで、また一人の患者が死に至った。

　　今回のミスは、似た名前の別人に間違った薬を点滴してしまったというものである。ちょっと気をつけて確認すれば、簡単に避けられるようなミスだ。責任者である院長が、どんなに謝っても失われた命は二度と帰らない。

　　最近、このような事故が増える一方である。いや、これは事故ではなく、「殺人」である。よく「人間は間違う動物だ」などと言うが、大切な命を預かる病院で、ケアレスミスは許されないことだ。すべての病院関係者はこのことを人ごととはせずに重く受け止め、自分の病院のシステム見直す努力をしてほしい。

B

　　J病院でまた手術ミスがあった。看護師が手術を受ける患者のカルテを間違えて担当医師に渡してしまったらしい。この病院は設備にかけては一流で、特に心臓外科でに評判の高い病院だ。しかしこうミスが続いてはたまらない。人手不足もあるのだろうが、早く改善してミスをなくしてもらいたい。

　　我が家でも、3年前90歳の祖母が家族に何の相談もないまま、入院中に検査を受けさせられた。その検査の失敗が原因で祖母は亡くなってしまった。死後やっと医師が説明に現れたが、「ご本人には説明をしました。」というばかりで、ミスを認めようともしなかった。

　　医者は一段高いところから、患者を見下ろしているのだろうか。もしそうだとすれば、本当に残念なことだ。

1　医療ミスについてAとBが述べられていることは何か。

1　医療ミスが起こる原因は患者さんのことをしょせん他人のことだと思うから。

2　医療ミスが簡単に避けられる。

3　医療ミスがある程度で許されることだ。

4　医療ミスの起こる原因を調べるべきだ。

2 Bには「人手不足もあるのだろうが」とあるが、筆者の考えに最も近いのはどれか。

1　人手が十分でもミスが続くこともある。

2　ミスが続く原因は人手も設備も十分ではないからだ。

3　人手不足はミスが続く原因の一つかもしれない。

4　ミスが続くと人手不足になるだろう。

（二）

A

　言葉は時代とともに変わる。今の若い女性の中には平気で男言葉で話す人も多い。男性が語尾に「よね」をつけて話したり、女言葉に近づいてもいる。男女の言葉の差は昔に比べれば格段に少なくなっている。今の時代の男女の生き方を象徴しているのでもあるだろう。そんな中で「男言葉」「女言葉」を守ろうというのではない。時代の流れに任せてもなお自然に残る言葉は残るのではないかと思うのだ。口に出す時ちょっとした抵抗感があるかないかという形で。その感覚を大切にしたい。それが日本語の中の文化であり味わいであるかもしれないと思うから。

（山根基世「日本語の味わい」による）

B

　言葉は時代とともに進化する。ほかの言語と同様に今まで日本語もずっと変化し続けてきたが、現在は特に猛烈なスピードで変化しているようだ。

　その原因の一つとして考えられるのは、いわゆるITに関係すること、つまりパソコンや携帯電話などである。以前は専門家にしかわからなかったコンピュータ用語も、今では一般の会話の中に当然のように出てくるようになった。また、携帯電話やパソコンのメール、掲示板などの書き込みから次々と新しい言葉が生まれている（∩_∩）や（>_<）のような顔文字も入り、そこでの会話はまるで宇宙人がしゃべっているように思えるくらいである。

　これまでも多くの言葉が生まれては消えていき、残る言葉の数は限られているので、このような事態も特に驚くことではないという言語学者もいる。しかし、これほど新しい言葉や表現が増えると大半が消えていったとしても、かなりの数の新しい言葉が残るのではないだろうか。50年後の日本語は今とは全く別の言語になっているのかもしれない、というのは言い過ぎだろうか。

③ Aの文章で、筆者はどのようなことを言おうとしていると考えられるか。

1　言葉の男女差は、将来、残らないだろう。

2　言葉の男女差は、今後もなくなってほしくない。

3　言葉の男女差は、今日では、意識されていない。

4　言葉の男女差は、しだいに、大きくなっていくだろう。

④ B文章の作者の心配はどれか。

1　若い人の会話は宇宙人の会話のようで、普通の言葉で会話できなくなる。

2　これからは今までよりも多くの新しい言葉が残っていって、50年後の日本語は別の言語になる。

3　残っていく新しい言葉の数は今までと変わらない。

4　携帯電話やパソコンの影響で新しい言葉が増えている。

（三）

A

> ——学生交流会についてのお知らせ——
>
> ＊この会は、外国人留学生と日本人学生の交流を深めることを目的として運営されています。留学生歓迎会をはじめ、食事会、茶道教室、スポーツ大会、会話クラブを開催し積極的に活動しています。
>
> ＊会話クラブでは日本人学生が先生となって、留学生の日本語の指導をしています。
>
> ＊毎年10月には日本の伝統文化や歴史を学ぶ研修旅行を行っています。昨年度は奈良でしたが、今年度は京都の予定です。11月の学園祭では、この研修旅行をテーマにして留学生が日本語のスピーチを行います。
>
> ＊入会希望の方は学生課へ申し込んでください。

B

> ——学生課事務局のご案内——
>
> 何か知りたいことや、相談したいことがありましたら、遠慮なく電話でお尋ねください。
>
> 担当部局はすべて直通になっています。
>
> 奨学金・下宿・アルバイトについては　　　　　　9258－3133
>
> 学生健保・教育研究については　　　　　　　　　9256－3456
>
> 学習・試験については事務局センターへ　　　　　9248－2744
>
> 休学の届け出および在学・成績等の証明　　　　　9270－7836
>
> 転部・転科については入学センター　　　　　　　9263－5237
>
> 学費の納入については　　　　　　　　　　　　　9268－2239
>
> その他　　　　　　　　　　　　　　　　　　　　9252－5197

5 学生交流会についてのお知らせです。正しく理解しているのは誰か。

1 Aさんは、入会したいので学生交流会に申し込もうと思っている。

2 Bさんは、奈良の研修旅行に行きたいので入会するつもりだ。

3 Cさんは、日本の伝統文化や歴史を研修したいので入会つもりだ。

4 Dさんは、大学の先生が日本語の指導をしてくれるので入会したいと思っている。

6 学生交流会に入会したいと思っています。何番に電話しますか。

1 9256－3456　　　　　　　2 9248－2744

3 9263－5237　　　　　　　4 9252－5197

（四）

A

　本学では、下宿・アパート等の紹介を不動産会社のニコニコハウスと協力して行っています。ニコニコハウスを通して部屋を借りると、通常は家賃1カ月分の仲介手数料が0.5か月分ですみます。40000円未満の部屋を借りる場合は、仲介手数料はいりません。

　家賃は、間取り、駅からの所要時間、建築年数などによって幅がありますが、去年ニコニコハウスを通して契約を結んだ学生の平均家賃は59000円でした。

B

　拝啓　緑の美しい季節となりました。お元気ですか。

　このたびは、引っ越しに際しまして、大変お世話になり本当にありがとうございました。

　おかげさまで、先週、無事引っ越しを済ませ、荷物も何とか片付き、やっと落ち着くことができました。この家賃にしては、広さもある気に入った部屋を借りることができたと大変うれしく思っております。

　一緒に卒業した友人が社会人として活躍していく中で、自分だけ後戻りするようですが、がんばろうと思っております。世間に出た経験があるからこそ、以前よりもっと勉強が楽しく感じられるのではないかと思います。

　今度ぜひ、こちらに遊びにいらっしゃってください。先輩の学んだ大学ですし、懐かしく思われるのではないでしょうか。お待ちしております。

　まずはお礼まで。

敬具

7 サムさんはニコニコハウスに行き、家賃が50000円の部屋を借りる手続きをした。サムさんが払う仲介手数料はいくらか。

1　50000円です。 　　　　　　　　2　仲介手数料は払わない。

3　59000円です。 　　　　　　　　4　25000円です。

8 手紙を書いたサムさんはどんな人か。

1　都会の大学で勉強した後、つづけて地方の大学で勉強を続ける人。

2　就職した会社を辞め、大学で勉強をしなおそうとしている人。

3　先輩が学んでいた大学で、アルバイトをしながら勉強しようとする人。

4　友達が大学を卒業するころにやっと入学し、これから勉強する人。

问题12-魔鬼训练

（一）

1 正确答案是1。

医療ミスが起こる原因は患者さんのことをしょせん他人のことだと思うから。（引发医疗事故的原因是将患者的事情当作外人的事来看的。）

答案1的内容均可以从两篇文章中找到类似的句子。A文章中：「すべての病院関係者はこのことを人ごととはせずに重く受け止め、自分の病院のシステム見直す努力をしてほしい。」B文章中：「医者は一段高いところから、患者を見下ろしているのだろうか。」两篇文章中的两句话均表明了作者对于医疗事故的原因的描述。在选项中：2的内容在A文章中有所描述，但B文章中并未涉及；3的内容两篇文章中均未涉及；4同样也不符合该题答案。

其他选项分别是
2　医療ミスが簡単に避けられる。/医疗事故是可以很容易避开的。
3　医療ミスがある程度で許されることだ。/医疗事故在某种程度上是可以被原谅的。
4　医療ミスの起こる原因を調べるべきだ。/应该调查医疗事故的起因。

2 正确答案是3。

人手不足はミスが続く原因の一つかもしれない。（人手不足或许是事故持续的原因之一。）

该题目属于关键句子理解类问题。解答该题的关键句子是该句后面的：「早く改善してミスをなくしてもらいたい」（希望早点改善而消除事故）。从该句来看，改善的内容为人手不足，即人手不足是发生事故的原因之一。在选项中：1的内容文章中未提及；2的内容"设备"一事文章中未涉及；4的内容与文章内容相悖。

<table>
<tr><td rowspan="3">其他选项分别是</td><td>1</td><td>人手が十分でもミスが続くこともある。/就算人手够用，事故还会发生。</td></tr>
<tr><td>2</td><td>ミスが続く原因は人手も設備も十分ではないからだ。/事故不断发生的原因是人手和设备都不充足。</td></tr>
<tr><td>4</td><td>ミスが続くと人手不足になるだろう。/如果事故不断发生就会造成人手不足。</td></tr>
</table>

（二）

3　正确答案是2。

言葉の男女差は、今後もなくなってほしくない。（不希望语言的男女差别今后消失掉。）

该题目属于综合理解类问题。解答该题的关键句子是：「時代の流れに任せてもなお自然に残る言葉は残るのではないかと思うのだ。口に出す時ちょっとした抵抗感があるかないかという形で。その感覚を大切にしたい。それが日本語の中の文化であり味わいであるかもしれないと思うから。」作者所要表达的是希望语言随着时代的发展留下自然而然留下的，表现为不经意间脱口而出时感受到的排斥感（男人说女性用语的排斥感或女性说男性用语的排斥感），希望珍爱那份感觉，这既是日语的文化也是日语的味道。在选项中：1、3、4均不符合题意。

<table>
<tr><td rowspan="3">其他选项分别是</td><td>1</td><td>言葉の男女差は、将来、残らないだろう。/将来没有男女语言的差别。</td></tr>
<tr><td>3</td><td>言葉の男女差は、今日では、意識されていない。/当今时代没有意识到男女语言的差别。</td></tr>
<tr><td>4</td><td>言葉の男女差は、しだいに、大きくなっていくだろう。/男女语言的差别会越来越大吧。</td></tr>
</table>

4　正确答案是2。

これからは今までよりも多くの新しい言葉が残っていって、50年後の日本語は別の言語になる。（从今以后会有比到目前为止还多的新的词语留下，50年后的日语成为别的语言。）

该题目属于总结归纳类问题。作者从论点（语言随时代变化）开始，举例做铺垫，最后写出自己的担忧。该题的解题关键在于最后的：「しかし、これほど新しい言葉や表現が増えると大半が消えていったとしても、かなりの数の新しい言葉が残るのではないだろうか。50年後の日本語は今とは全く別の言語になっているのかもしれない、というのは言い過ぎだろうか。」（但是，增加这么多新的词汇和表现，就算消失一大半，也会留

下相当数量的新词吧。50年后的日语可能变成和现在的日语完全不同的语言，这么说过分吗？"在选项中：1所说的内容是作者在论述出现过多新词汇时的一种现象，并非正确答案；3为其他学者的想法；4的内容确实存在，但不是作者担心的。

其他选项分别是

1 若い人の会話は宇宙人の会話のようで、普通の言葉で会話できなくなる。/年轻人的对话像外星人的对话一样，变得不会用普通的语言说话了。

3 残っていく新しい言葉の数は今までと変わらない。/留下的新的词汇语言的数量不会有变化。

4 携帯電話やパソコンの影響で新しい言葉が増えている。/因为手机或电脑的影响，新的词汇语言在增加。

（三）

5 正确答案是3。

　　Cさんは、日本の伝統文化や歴史を研修したいので入会つもりだ。（C同学想学习日本的传统文化或历史，因此打算入会。）

　　该题目属于关键句子理解的问题。关键句子是：「毎年10月には日本の伝統文化や歴史を学ぶ研修旅行を行っています。」（每年10月举办以学习日本传统文化和历史为目的的研修旅行。）即该题的解题关键是把握研修旅行的目的。本题也可使用排除法作答。在选项中：1中不是向学生交流会申请报名，而应该是向学生科申请报名；2中所表述的打算去奈良所以入会，原文中的意思为「昨年度は奈良でしたが、今年度は京都の予定です」（去年的研修旅行是奈良，今年去京都）；4中的表述为"大学教师做日语指导"，而原文中为"日本学生作为老师指导留学生的日语"。

其他选项分别是

1 Aさんは、入会したいので学生交流会に申し込もうと思っている。/A打算入会，所以想向学生交流会申请报名。

2 Bさんは、奈良の研修旅行に行きたいので入会するつもりだ。/B想去奈良的研修旅行，所以打算入会。

4 Dさんは、大学の先生が日本語の指導をしてくれるので入会したいと思っている。/D想让大学的老师指导日语，所以想入会。

6 正确答案是4。

　　9252－5197（9252-5197）。

　　该题目属于句子理解类问题。A文章中提到「入会希望の方は学生課へ申し込んでください」（希望入会的同学向学生科申请。）B文章中详细说明了每项事务的具体联系方法。在选项中：1的9256-3456是关于学生保健及教育研究的；2的9248-2744是与学习考试相关的；3的9263-5237是关于转学部转学科的；4的电话号码为其他事宜可以联系的。

其他选项分别是
1　9256－3456/9256-3456
2　9248－2744/9248-2744
3　9263－5237/9263-5237

（四）

7　正确答案是4。

　　25000円です。（25000日元。）

　　该题目属于关键句子理解类问题。A文章中提到：「通常は家賃1カ月分の仲介手数料が0.5か月分ですみます。40000円未満の部屋を借りる場合は、仲介手数料はいりません」（通常中介的手续费为一个月的房租，但这里半个月的房租即可。未满40000日元的房子不收取中介费）。因萨姆的房租是50000日元，需要收取中介费。因此费用为25000日元。在选项中：1为50000日元，通常情况下是收取50000日元的，但该不动产公司是与本学校合作的，因此为一半；2中表达错误，只有40000日元以下的房屋才不收取中介费；3的59000日元是去年和该公司签约入住学生的平均房租。

其他选项分别是
1　50000円です。/50000日元。
2　仲介手数料は払わない。/不用付中介费。
3　59000円です。/59000日元。

8　正确答案是2。

　　就職した会社を辞め、大学で勉強をしなおそうとしている人。（辞去就职的公司，又回到大学重新学习的人。）

　　该题目属于关键句子理解类问题。文中的关键句子是：「一緒に卒業した友人が社会人として活躍していく中で、自分だけ後戻りするようですが、がんばろうと思っております。」（一起毕业的朋友都作为社会中的一员在努力，只有我又返回来了，我打算更加努力。）「世間に出た経験があるからこそ、以前よりもっと勉強が楽しく感じられるのではないかと思います。」（有了一些社会经验，我觉得学习应该比原来更快乐。）从以上两句可以看出，作者是毕业后工作又重返校园的人。在选项中：1、3、4均不符合题意。

其他选项分别是　1　都会の大学で勉強した後、つづけて地方の大学で勉強を続ける人。/在城市的大学学习后，继续在地方大学学习的人。

3　先輩が学んていた大学で、アルバイトをしながら勉強しようとする人。/在学长学习的大学，一边打工一边学习的人。

4　友達が大学を卒業するころにやっと入学し、これから勉強する人。/在朋友们毕业的时候才上学，从现在开始学习的人。

模拟考场

限时：6分钟

問題12　次AとBはそれぞれ、言葉（決まり文句）について書かれた文章である。二つの文章を読んで、後の問いに対する答えとして最もよいものを、1・2・3・4から一つ選んでください。

A

　　日本に来て暫くすると、僕のところにも年賀状が来るようになった。その返信として、何を書けばいいのかと迷っていた。友達に聞いてみると「昨年中は大変お世話になりました。今年もよろしくお願いいたします」と書くのが一番無難であると教えられた。お陰で僕はその後の三、四年間、年賀状にはその文句以外、何も書くことはなかった。すべての年賀状にそれだけ書き、個人的な数人の友人だけ、せいぜい「HAPPY NEW YEAR」と書き足す程度だったが、その後、目から鱗が落ちるような思いをした。

　　当時、会社のプリンターを使った年賀状コンテストを行っており、僕はその審査に参加することになった。集まった年賀状には、一際僕の目を引く年賀状があった。土佐の美しい紺碧の海を背景に、父親らしき人物の元気な笑顔の写真が写っている。その父親の写真には吹き出しで、「みんな元気かい？おれ元気よ」と書いてある。年賀状に書いてあるのはそれだけなのだが、とても素晴らしいと思った。とても素直に自分の元気を伝え、みんなの安否を気遣っている。それがとてもいい感じに思えたのだ。

B

　　ある日、マニュアルに翻弄されていた自分を発見する出来事があった。

　　外出先から自分の家に電話をして、留守番電話の伝言を確認しようとした。当然のことだが、留守番電話になっているので、電話口には「ただ今出かけております。ご伝言のある方はピッという発信音の後にメッセージをお願いいたします」という自分の声で録音した案内が流れてくる。これは電話を買った時に、留守番電話の応対案内には何を録音すればよいのかを友人に聞き、教えられた科白をそのまま吹き込んだだけの案内だった。以来、無関心にもずっとそのままにしていたのだが、これがとても恥ずかしく思えたのだ。

　僕は帰宅するなり、すぐさま録音をやり直した。今度は優しい声で「あなたからのお電話を心待ちにしておりました」といった具合だ。するとどうだろう、無言電話が減ったではないか！

69 B文章に「マニュアルに翻弄されていた」とあるが、どういう意味か。

　1　外出先から留守番電話の伝言を確認していたという意味。

　2　留守番電話の応答案内が自分の声かどうかを確認したという意味。

　3　留守番電話の応答案内を優しい声で録音し直していたという意味。

　4　留守番電話の応答案内を友人に教えられた科白で流していたという意味。

70 文章の内容と一致するものはどれか。

　1　決まり文句ばかりではなく、心や気持ちを込めた言葉はより効果がある。

　2　マニュアル的な挨拶や文章を使いこなせることが大事である。

　3　年賀状や電話では丁寧な決まり文句を使わなければならない。

　4　言葉は人間関係を築くための道具である。

精 解 专 栏
独家发布

67　正确答案是4。

　　留守番電話の応答案内を友人に教えられた科白で流していたという意味。（意为将电话留言的应答按照朋友教的台词设置。）

　　该题目属于关键句子解释类问题。该题的关键句子在文章的最后面，因此答案可以从其后面的文章中寻找。关键句子是：「これは電話を買った時に、留守番電話の応対案内には何を録音すればよいのかを友人に聞き、教えられた科白をそのまま吹き込んだだけの案内だった。」解答该题的关键还在于需要理解「マニュアル（操作指南）」一词的意思。该题中此词的意思为照搬朋友教的内容。在选项中：1、2、3均不符合题意。

其他选项分别是
1　外出先から留守番電話の伝言を確認していたという意味。/打算从外出地点确认一下留言电话的留言。
2　留守番電話の応答案内が自分の声かどうかを確認したという意味。/确认一下留言电话的应答是否为自己的声音。
3　留守番電話の応答案内を優しい声で録音し直していたという意味。/将留言电话的应答用温柔的声音重新录制。

70　正确答案是1。

　　決まり文句ばかりではなく、心や気持ちを込めた言葉はより効果がある。（不仅仅是套话，饱含心意的语言更有效。）

　　该题目属于综合理解类问题。两篇文章中均对"套话"进行了描述，最终作者要表达的是比起"套话"，饱含心意的语言更有效。其中文章A中：「とても素直に自分の元気を伝え、みんなの安否を気遣っている。それがとてもいい感じに思えたのだ。」文章B中：「今度は優しい声で『あなたからのお電話を心待ちにしておりました』といった具合だ。するとどうだろう、無言電話が減ったではないか！」在选项中：2的内容两篇文章中均未提及；3的内容虽然文章中提及有时使用"套话"，但不是必须使用；4的内容文章中没有提及。

其他选项分别是
2　マニュアル的な挨拶や文章を使いこなせることが大事である。/灵活使用操作指南式的问候语或文章是很重要的。

3　年賀状や電話では丁寧な決まり文句を使わなければならない。/必须在贺年卡或电话中使用很客气的"套话"。

4　言葉は人間関係を築くための道具である。/语言是建立人与人之间关系的道具。

问题 **13**

主张理解(长篇)
——答题关键

- 每篇文章后面有3个问题,主要考查考生对长篇文章主旨的掌握,对关键词语和句子的理解,对文章各段关系的把握。

- 题型包括:填入关键词语、解释画线句子意思、选出与作者表达思想一致的表述、选择文章的主旨等。从改革之后的真题看,题目形式并没有大的改变,仅是有所微调。文章的体裁主要是论说文、小说、随笔等。

- 解题时要注意,先看问题后看文章,带着问题读文章,这是考试的时候最节省时间的方法。同时注意接续词的使用,特别是要搞清楚顺承和逆接的关系,会大大加大正确选项的判断机率。

- 注意找出整篇文章的关键句,文章的关键句往往就是文章的主旨。就位置来说,文章的最后部分常常是文章的总结、作者的主张和感想。

免费检测

限时：10分钟

問題13 次の文章を読んで、後の問いに対する答えとして最もよいものを、1・2・3・4から一つ選びなさい。

「進化」という概念を簡単に定義しておくと、「祖先から受け継いだ形質が変化すること」である。「遺伝する形質の変化」としてもいい。重要なことは、進化過程においては、変化が累積していくことである。

この辺から、進化と進歩の関係という第二の問題に移っていくのだが、進化の過程でどのような変化が生じて後の世代に残るかは、一定の方向があるわけではない。「進化」という語には「進」の字が含まれているので、何か一定の決まった方向に進んでいくイメージ、もっと具体的にいえば、「より良くなる」という進歩のイメージと結びつけて考えられがちだ。英語でも「evolution」という発展的な単語が使われているので、語感的には日本語とかなり似ている。百数十年前にはもっと極端に、「development」を「進化」の意味で使っていた。これは「発展」とか「開発」をあらわす単語である。生物学では「発生」、心理学では「発達」という意味になる。フランス語では英語と同じ「evolution」で進化をあらわすが、ドイツ語では今でも、英語の「development」に相当する「Entwicklung」を「進化」の意味で使うことが多い。今でも「進化」はいまだに、世界中のあちこちで、進歩のイメージで語られている。

だが、生物の「進化」を「進歩」と結びつけて考えるのは、完璧に勘違いである。仮に、今までそのような意味で「進化」の語を使うことは許されない。進化は進歩と違って、もっと無方向な変化である。用語としては、「進化」をやめて「変化」にするぐらいでちょうどいいのである。

たとえば、祖先が所有していた器官が子孫では消滅すること（退化）は、生物の進化史上珍しいことではない。ヒトの尻尾は短く退化して、わずかに尾骨が残っているだけである。虫垂も痕跡をとどめるにすぎない。（　①　）ヒトの握力はチンパンジーの1/2～1/3しかない。このようなさまざまな退化は、ヒトにいたる生物の系統がその過程で行ってきたこと、すなわち進化である。退化も進化のひとつのあり方なのである。

生物の進化は一つの方向に起こるものではないのだ。おのおのの生物が、祖先から遺伝によって受け継いだ形質を利用しつつ、それぞれの環境に合わせて、自分たちがうま

く生活できるように変化（進化）してきた。②二つの生物を比べて、どちらがより進化しているかと問うのは、無意味なだけでなく、まちがった問いの立て方である。植物はデンプンを体内で合成できるが、動物はできない。鳥は空を飛べるがヒトは飛べない。進化は進歩と関係がないのである。

（佐倉統『進化論の挑戦』角川選書による）

71 （　①　）に入るものとして最も適当なものはどれか。

1　ヒトの細胞の組織はサルに比べるとはるかに勝っている。

2　木を上り下りする能力もあるし、2本足での歩行も覚えた。

3　サルの遺伝子とヒトの遺伝子にはほとんど違いがみられない。

4　木を上り下りする能力も、サルに比べればはるかに劣る。

72 ②「二つの生物を比べて、どちらがより進化しているかと問うのは、無意味なだけでなく、まちがった問いの立て方である」とあるが、なぜ比較は無意味なのか。

1　それぞれの生物で変化のスピードが違い、比較できないから。

2　それぞれの生物は環境に合わせて変化しているだけだから。

3　退化と進化を繰り返す生物の変化のスピードを計る基準はないから。

4　それぞれの生物が祖先から受け継いだ形質が違うから。

73 この文章の内容と最もよく合っているものはどれか。

1　「進化」とは変化することであるが、長い目で見ると進歩する方向に進んでいる。

2　「進化」とは、祖先から受け継いだ形質を利用していくことである。

3　「進化」とは、祖先から受け継いだ形質を消滅させていくことである。

4　「進化」とは変化することではあるが、進歩と同意義ではない。

71 正确答案是4。

木を上り下りする能力も、サルに比べればはるかに劣る。（上树下树的能力，与猴子相比也相差很多。）

该题目是考查对上下文关系理解的问题，本段的结构是"例证+结论"，最后两句结论是：「このようなさまざまな退化は、ヒトにいたる生物の系統がその過程で行ってきたこと、すなわち進化である。退化も進化のひとつのあり方なのである」（以上这些各种各样的退化，是生物系统在演变成人的过程中所发生的，即进化。也就是说退化也是进化的一种形态）。这两句话之前的例证都要服务于这个结论，因此此处应为演变成人的过程中所发生的退化的例子。在选项中：1和2都是进化的例子；3是说明人与猴子的遗传基因没有什么不同，不涉及进化和退化的意思。

其他选项分别是
1 ヒトの細胞の組織はサルに比べるとはるかに勝っている。/人的细胞组织与猴子相比优秀很多。
2 木を上り下りする能力もあるし、2本足での歩行も覚えた。/（人）既保留了上树和下树的能力，还学会了用两条腿走路。
3 サルの遺伝子とヒトの遺伝子にはほとんど違いがみられない。/猴子的遗传基因与人的遗传基因相比，几乎看不出什么不同。

72 正确答案是2。

それぞれの生物は環境に合わせて変化しているだけだから。（是由于各种生物只是适应着环境发生变化而已。）

该题目属于画线关键句子解释的问题，文章中的关键句子是该问题中句子的前一句：「それぞれの環境に合わせて、自分たちがうまく生活できるように変化（進化）してきた」（各自适应环境，为使自己能够更好地生活进行着变化（进化））。该题目是问为什么说将两种生物相比较、追究哪种进化得好是没有意义的。在选项中：1是说无法比较，不是作者的观点；3是说没有测量的基准，也不符合作者的观点；4不符合关键句的意思。

1　それぞれの生物で変化のスピードが違い、比較できないから。/因为各种生物发生的变化速度不同，无法比较。

3　退化と進化を繰り返す生物の変化のスピードを計る基準はないから。/生物的退化和进化反复进行，没有测量变化速度的基准。

4　それぞれの生物が祖先から受け継いだ形質が違うから。/因为各种生物从祖先那里继承的特性不同。

73　正确答案是4。

「進化」とは変化することではあるが、進歩と同意義ではない。（"进化"是变化的意思，与进步意义不同。）

该题目属于文章主旨类问题，文章中的关键句子是：「進化は進歩と違って、もっと無方向な変化である。用語としては、『進化』をやめて『変化』にするぐらいでちょうどいいのである。」（进化与进步不同，是没有方向的变化。作为术语，甚至应该停止使用"进化"转而使用"变化"才恰到好处。）在选项中：1的前半句正确，后半句意思不符合文章表达；2的后半句说的并不是进化的意思；3是错误的说法。

1　「進化」とは変化することであるが、長い目で見ると進歩する方向に進んでいる。/进化是指变化，但从长远的观点来看是向着进步的方向前进。

2　「進化」とは、祖先から受け継いだ形質を利用していくことである。/进化是指利用从祖先那里继承来的特性。

3　「進化」とは、祖先から受け継いだ形質を消滅させていくことである。/进化是指消除从祖先那里继承来的特性。

魔鬼训练

（一）

　人を動かすものは、「アメとムチ」である。サーカスでクマに芸当を仕込む曲芸師のように、両手にアメとムチを持って、上手に操れば誰もがこちらの思いどおりに行動するはずである。望ましい行動に対しては報酬を与え、好ましくない行動をしたら罰を加えればよい。

　このような仮定の下で、ティーチングマシンや行動療法などをはじめとする行動変容モデルが構築され、多くの成果を上げている。

　しかし、近年になって、人間の動機づけが必ずしも他者からのアメやムチを必要としないと思われる事実が相次いで報告されている。行動の結果得られる報酬がなくても、行動することそれ自体が報酬になっているような行動の存在が確認された。それどころか、これらの行動については、報酬を与えるとむしろ欲求が低減する場合すらあるとの報告がある。

　カレンダーとストウは、大学生にパズルをやらせて、そのうちの半数の学生に一生懸命やったことに対して金銭を報酬として与えた。前述の「アメとムチ」の理論に従うなら、金銭を受け取った学生の方が、支払われていない学生よりも相対的にパズルに対する興味を増大させるはずである。ところが実際には、パズルの性質によって結果が違っていた。退屈なパズルをやらされた学生については、予想どおり金銭を支払われた学生の方が受けなかった学生よりもパズルに対して興味を示したが、面白いパズルをやらされた学生については、報酬をもらった学生の方がそうでない学生よりもパズルに対する興味を（　①　）のである。本来、行動することの中に興味が内在しているような場合には、他者から与えられる金銭等の報酬が興味を低下させてしまうことが確認されたのである。

　内発的な意欲や興味は、自分が主体的に「やっている」という感じを前提としているが、報酬によって②「やらされている」という感じに変化させられたのである。

　内発的に動機づけられた行動は、自己の環境との関連において、有能で自己決定的でありたいという人間の基本的要求に根ざしている。アメとムチによる制御は、自分の活動を支配しているのは自分以外のものであるという実感つまり他律性の感覚を作り出し、他への依存性を高めるのである。

　　　　　（生熊譲二『心理学ビギナーズ・トピックス100』斉藤勇編　誠信書房による）

> ❶　（　①　）に入るものとして最も適当なものはどれか。

1　失っていた　　　　　　　　　　2　増大させていた

3　示していた　　　　　　　　　　4　低下させまいとしていた

> ❷　②「やらされている」とあるが、どう感じるのか。

1　主体的にやらなければならないと感じる。

2　お金を受け取ったうえ、パズルができると感じる。

3　お金を受け取ったのだからやらなければならないと感じる。

4　アメとムチの理論にしたがって行動しなければならないと感じる。

> ❸　筆者によれば、人が意欲的な態度を持つためには何が必要か。

1　適度の報酬を得ながら自分の興味のあることだけすること。

2　自分の活動を支配しているのは自分以外のものであるという感覚に打ち勝つこと。

3　報酬の有無にかかわらず、「やらされている」ということを感じないようにすること。

4　有能で自己決定的でありたいという人間の基本的な要求を持ち続けること。

（二）

　社員が自分で勤務時間帯を柔軟に決めることができるフレックスタイム制を見直す企業が増えている。運用の結果、短所も見えてきたためで、職種などによって、仕組みを多様化する社も出ている。

　フレックスタイム制は、コアタイムという決められた時間帯に仕事をしていれば、社員が出勤や退社時間を自由に設定できる制度だ。コアタイムを設定しない社もある。労働時間短縮や生産性向上などを目的に1980年代後半から大企業などで導入が進んだ。

　だが、キャノンは昨年4月、約1万6千人の社員のうち、半数が利用していたフレックスタイム制を中止した。

　「メーカーは、迅速な意思決定や、開発のスピードが重要になってきた。午前10時から午後2時半のコアタイムでは、社員間の意思疎通に支障が生じるようになった」（広報部）ためだ。代わりに、育児や遠距離通勤などの事情がある社員は、出勤・退社時間を調整できるようにした。

　このほかシャープも一昨年3月に中止した。かえって残業時間の増加につながったり、顧客の問い合わせに担当者が答えられないといった弊害が出たことを主な理由にしている。

　厚生労働省の就労条件総合調査によると、制度を採用している企業の割合は、1999年末の5.7%から、昨年1月には4.9%と下がっている。第一生命経済研究所の川崎真一

郎主任研究員は「企業は導入段階では制度の効果をよく理解していなかった。運用を通じ、フレックスに適した業種、職種が分かってきた結果だ」と話す。

バンダイは昨年7月に制度の試験導入を始めた。実は1993年にも試したが、このときは2カ月で中止した。今回は「制度の社会的認知度が上がった。運用ルールをしっかりすれば、問題は生じない」と判断したという。ただ、対象は顧客企業の勤務時間帯が遅めの部門に限定している。

トヨタ自動車もフレックスタイム制を導入した後、エンジニア向けに、勤務時間が決まっていまい裁量労働制とフレックスタイムと裁量労働を組み合わせた「Uタイム」制を設け、職種や仕事の内容によって、制度を多様化させている。

（「エコのMIX」2004年2月23日付読売新聞朝刊による）

4　「フレックスタイム制」とはどのようなものか。

1　社員が決まった時間以外の出勤時間を自由に決められる制度。

2　社員が午前10時から午後2時半のコアタイムだけ出勤すればいい制度。

3　残業時間が増え、顧客の問い合わせに答えられないような制度。

4　勤務時間が決まっていない裁量労働制と組み合わせた制度。

5　フレックスタイム制を採用する企業が減ってきたのはなぜか。

1　社員同士の意思疎通に問題が生じるようになってきたから。

2　育児や遠距離通勤などの事情がある社員が増えてきたから。

3　制度の効果や運用に適した業種や職種が分かってきたから。

4　運用ルールをしっかりすれば問題は生じないと考えたから。

6　本文の内容と合っているものはどれか。

1　フレックスタイム制を何年も前から導入する企業が増えている。

2　フレックスタイム制を最近、やめる企業が減ってきている。

3　フレックスタイム制はいいという声が上がってきている。

4　フレックスタイム制を会社の事情にあわせて採用する企業も増えている。

（三）

若いごろは外国かぶれで、海外にしか目がいかなかったが、歳をとるにつれてそういう生活を反省し、私は日常生活から、できるだけ日本人になろうとした。家にいるときはウールや木綿の着物に手を通すようになったし、ちゃんとだしをとって、料理を作る努力もした。日常の食事が何とかなると、欲が出てきて別のものに挑戦したくなる。そこであるとき私は、いつも買っている、ぼたもちを作ろうと試みたのである。

もち米を買い、餡も小豆から煮て作った。母親が作っていた様子を思い出しつつ、本とにらめっこでもち米をまとめた。ところが餡がうまいこと御飯にくっついてくれな

い。母親は濡れふきんで包んで、<u>ぼたもちを手品のように次々と掌から生み出していた</u>のに、やってみるといくらやってもくっつかない。くっつけようとしてぎゅっと両手に力を入れると、まるで握りのようなあんこ鮨になってしまい、左手に餡、右手に御飯を載せて、途方にくれてしまったのである。

　とにかく餡でくるまなくては格好がつかないので、御飯をどんどん餡でくるんでいったら、何だかものすごい爆弾のような大きさのものができてしまった。ご飯の部分は一般的なぼたもちの分量だが、周辺にくっついている餡の量が違う。五個分の餡がくっついているといった有様なのである。しかしはじめて作った私にとっては、皿の上にのっているこの餡爆弾がぼたもちだった。材料を買ってからの手順を考えると、この料理下手の私が、よくぞここまでがんばったと、自分自身を褒めてやりたい気持ちだった。

　早速、試食した。ぼたもちを箸で持ち上げたそのとたん、どすっと音がして皿の上に餡がどっと落下した。あまりにぼってりとついていたので、自らの重さに耐えきれなくなったのである。「……」皿の上には餡が横たわっている。ぼたもちは、もち米と餡のハーモニーで食べるものである。私は箸でつまんでいる、置き去りになった御飯をしぶしぶ皿の上に置き、皿の上で御飯と餡をからめて食べた。カレーライスというものがあるが、これはぼたもちではなく、餡ライスであった。

　昔の日本のおばあちゃんや母親たちは、ただならぬ量のぼたもちを、いとも簡単に作り上げた。「うーむ」餡ライスしか作れない私は、ただうなるしかない。理想としては年に二回のお彼岸のときに、重箱にでも入れて、知り合いに配れるくらいになりたい。お彼岸を前にすると、心が揺らぎ、今年はどうしようと迷ったあげく、結局は出来合いを買ってくる始末だ。年々、歳をとってしまうのだから、重い腰をあげてさっさと再チャレンジすればいいのに、どうしてもあの餡ライスが目の前にちらついて、私は二の足を踏んでしまうのである。

（群ようこ「母の＜ぼたもち＞私の＜餡ライス＞」『仏教の生活』平成16年春彼岸号による）

7　筆者ははじめて作ったぼたもちについて、どのような感想を持っているのか。

　1　あんこ鮨になり、次に餡爆弾のようになったが、思っていたより上手にできた。

　2　実際作ると難しく、作らなければ良かったと、途方にくれた。

　3　餡ライスになってしまい、満足はできないが、私にしてはよくがんばったと思う。

　4　もち米と餡のハーモニーが難しく、出来合いを買ったほうがいいと思った。

8　「ぼたもちを手品のように次々と掌から生み出していた」はどういう意味か。

　1　母親は手品ができた。

　2　母親はぼたもちを簡単に作りあげた。

　3　母親は片手でぼたもちを5個作った。

　4　母親はぼたもちを上手に作れなかった。

9 筆者がこの文で伝えたいことはなにか。

1 日常から日本人になるためにぼたもち作りに挑戦したが、難しく、再度チャレンジする気にならず、やっぱり日本人にはなれないと思った。

2 海外にばかり目を向けず、日本にもいいものがたくさんあるのだから、身近なものからチャレンジすべきだ。

3 日常の簡単そうに見えているものでも、実際にやってみると難しく、一度失敗すると再度挑戦しようという気になるのが難しい。

4 こんなに難しいぼたもちを昔の人はよく作っていたものだ。今は出来合いを買ってくればいいのだから便利になった。

(四)

日本語の「こころ」は、もともと生命活動にとって根源的な臓器としての心臓などを意味していたようであるが、例えば「心無い」などの用法においては、ある特定の器官というよりも、われわれの心情の働き方全体を意味しているように思われる。「心掛け」とか「心得」、あるいは「心を許す」などと言うとき、われわれは特定の器官を思い浮かべてはいない。その意味では、「心」は例えば大脳などと同一視されうるようなものでも、また「理性」と並ぶような能力でさえないわけである。

もっとも、興味深いことに、英語にもheartless（無情な、つれない）とか、heartbreak（断腸の思い、悲嘆）、heartstrings（心の琴線）といった表現があり、したがって日本語の「心」と英語の「ハート」、すなわち心臓とはあまり変わらない、と言うこともできそうである。しかし、日本語の「心」は、「仏像の心」とか「生け花の心」といった文脈でも使われる。このとき、「心」はもはや心臓ではなく、もののもっている意味ないしねらいである。

心は「表面からはわからない本当の気持ち……本心」を意味し、したがって事物についても、その語で、そのものが本来もっているはずの（　①　）を指し示すこともできるはずだからである。

さらに、『枕草子』では、ある風景が「世になう心あるさまにをかし」と言われている。ここまでくると、「心」はもはや意図やねらいでさえなく、いわば心ある人にのみ開示される風景の本質、あるいは基盤である。そして、これは、日本では古来、われわれの心が何か内に隠れたものとしてとらえられていたことを物語っているであろう。だから、「然らば汝の心の清く明きは何して知らむ」（『古事記』）などと言われるのである。また、「心なき身にもあはれは知られけり鴫立つ沢の秋の夕暮れ」（西行）と言われるとき、その「心」とは、情趣を感じ取る心であり、そして「あはれ」が秋の心なのである。

しかし、他方で、「心」がまた、他人に対する思いやり、情愛をも意味していたことは注目していいことであろう。「心なき」は、思慮分別がなく、不注意であることにも

用いられるが、また他人の気持ちを理解しないことをも意味しており、「心なき鳥にそ
ありけるほととぎす物思ふ時に鳴くべきものか」（『万葉集』）などと言われているの
がその好例であろう。本来、「思いやり」とは単に何かへと気持ちを馳せることであっ
たわけであるから、上のような例では、他人にまで心が及ばないことはすなわち思慮の
なさと受け取られていたことが知られる。

　　　　　　（滝浦静雄『「自分」と「他人」をどうみるか──新しい哲学入門』による）

10 この文章は何について述べているか。筆者の意図を最もよくあらわすものを次の中
から一つ選べ。

1　「こころ」と「心」。　　　　　　2　古典の心。

3　日本人の心。　　　　　　　　　4　日本的「こころ」。

11 （　①　）に入るものとして最も適当なものはどれか。

1　理性や心得。　　　　　　　　　2　意図やねらい。

3　情趣や「あはれ」。　　　　　　4　思いやりや情愛。

12 日本語における「心」の意味ではないのはどれか。

1　生命活動にとって根源的な臓器としての心臓と心情の働き全体。

2　英語の「ハート」ともののもっている意味ないしねらい。

3　表面からはわからない本当の気持ちと何か内に隠れたもの。

4　思慮の無さや不注意と他人の気持ちを理解しないこと。

问题13-魔鬼训练

（一）

1 正确答案是**1**。

失っていた（失去了）。

该题目属于关键词填空的问题。文章中的关键句子是：「本来、行動することの中に興味が内在しているような場合には、他者から与えられる金銭等の報酬が興味を低下させてしまうことが確認されたのである。」此处说明：从前一句的实验可以得出结论，金钱等报酬会减少其兴趣。因此括号中的内容应表示减少。在选项中：2表示增加，不是减少，是错误选项；3没有表示增加或减少的意思，不符合上下文意思；4是错误选项。

其他选项分别是　2　増大させていた/增加

　　　　　　　　　3　示していた/显示

　　　　　　　　　4　低下させまいとしていた/不降低

2 正确答案是**3**。

お金を受け取ったのだからやらなければならないと感じる。（感觉因为收了钱所以必须做。）

该题目属于解决画线关键句类问题，画线处从语法来看是使役被动句。使役被动句可以表达两种意思，一是"不由得……"，二是"不得不……"。文章中的关键句子是：「アメとムチによる制御は、自分の活動を支配しているのは自分以外のものであるという実感つまり他律性の感覚を作り出し、他への依存性を高めるのである。」由此可以看出，授予金钱等报酬会给人带来受外来支配的感觉，因此画线部分的使役被动是表示受外来支配后不得不做某事的意思。在选项中：1与题意相悖，不是主观的感觉而是被动的感觉，是错误选项；2文章中并没有说会不会做智力题与报酬的关系；4与文章的意思相悖，实验的结果是说明在这种情况下得出的结论与"甜头与鞭子"的理论是相反的，是错误选项。

其他选项分别是
1　主体的にやらなければならないと感じる。/主观上感觉必须要做。
2　お金を受け取ったうえ、パズルができると感じる。/感觉接受了钱以后就会做智力题了。
4　アメとムチの理論にしたがって行動しなければならないと感じる。/感觉必须要按照"甜头与鞭子"的理论行动。

3　正确答案是**4**。

有能で自己決定的でありたいという人間の基本的な要求を持ち続けること。（保持人类的基本要求——希望自己有能力且有决定权。）

该题目属于总结性的问题。文章的主旨在最后一段，其中的关键句子是：「内発的に動機づけられた行動は、自己の環境との関連において、有能で自己決定的でありたいという人間の基本的要求に根ざしている。」此处明确指出是根源于人们希望自己有才能并能够自己决定，所以要激发人们内在的动机。在选项中：1不是作者真正要表达的思想；2作者没有要人们战胜某种感觉的意思；3作者要说明的意思是要激发人们的内在动机，与人们的感觉无关。

其他选项分别是
1　適度の報酬を得ながら自分の興味のあることだけすること。/既能得到适度的报酬又只做自己有兴趣的事情。
2　自分の活動を支配しているのは自分以外のものであるという感覚に打ち勝つこと。/战胜这种感觉——支配自己活动的是除自己以外的人。
3　報酬の有無にかかわらず、「やらされている」ということを感じないようにすること。/无论是否有报酬，要使自己不觉得是"在不得不做此事"。

（二）

4　正确答案是**1**。

社員が決まった時間以外の出勤時間を自由に決められる制度。（职员可以自由决定规定时间以外的上班时间的制度。）

该题目属于关键词解释的问题，文章中的关键句子在第二段：「フレックスタイム制は、コアタイムという決められた時間帯に仕事をしていれば、社員が出勤や退社時間を自由に設定できる制度だ。」关键句说明这种出勤制度由两部分组成，一是规定的上班时间段，二是自己决定的上班时间。在选项中：2只是其中的一部分时间，不完整；3既增加

加班又无法回答顾客询问的制度，在文章中没有提到，是错误选项；4是"U时间"制的
一部分，不正确。

<table>
<tr><td rowspan="5">其他选项分别是</td></tr>
</table>

> 其他选项分别是　2　社員が午前10時から午後2時半のコアタイムだけ出勤すればい
> 　　　　　　　　　　　い制度。/职员只要在上午10点到下午2点半上班就可以的出勤
> 　　　　　　　　　　　制度。
> 　　　　　　　　　3　残業時間が増え、顧客の問い合わせに答えられないような制
> 　　　　　　　　　　　度。/增加加班时间，无法回答顾客询问的制度。
> 　　　　　　　　　4　勤務時間が決まっていない裁量労働制と組み合わせた制度。
> 　　　　　　　　　　　/与不定时上班的裁量劳动制相结合的制度。

5　正确答案是3。

制度の効果や運用に適した業種や職種が分かってきたから。（因为逐渐清楚了制度
的效果和适于运用的行业和职业。）

该题目属于总结性的问题。文章中的关键句子是川崎主任的话：「企業は導入段階で
は制度の効果をよく理解していなかった。運用を通じ、フレックスに適した業種、職種
が分かってきた結果だ。」第六段的第一句话说明了采用弹性工作时间制的企业减少了的
客观情况，接着川崎主任阐述了造成这一情况的原因，以前没有理解这种制度的效果。也
就是说现在理解了这种制度的效果，并且清楚了适用的行业和职业。在选项中：1只是不
适用这种制度的行业所产生的一个现象，而不是问题的全部和根本；2文中并没有提到这
两种情况的职员是否增加了，只是说这种制度的一个优点是育儿和远距离交通问题得到了
解决，因此该选项也不是减少使用这种制度的原因；4出自文章的倒数第二段，用于说明
这项制度本身没有问题，只要好好地运用，并且用于适当的部门，所以它不是减少使用的
原因，而是重新增加使用的原因。

> 其他选项分别是　1　社員同士の意思疎通に問題が生じるようになってきたから。/
> 　　　　　　　　　　因为职员之间的意思沟通上发生了问题。
> 　　　　　　　　　2　育児や遠距離通勤などの事情がある社員が増えてきたから。/
> 　　　　　　　　　　因为有育儿问题和远距离通勤的职员增加了。
> 　　　　　　　　　4　運用ルールをしっかりすれば問題は生じないと考えたから。/
> 　　　　　　　　　　因为考虑到只要好好地运用规则就不会发生问题。

6　正确答案是4。

フレックスタイム制を会社の事情にあわせて採用する企業も増えている。（根据公
司的实际情况而采用弹性工作时间制的企业增加了。）

　　该题目属于总结性的问题，文章中的关键句子是：「試験導入を始めた」、「制度を多様化させている」。减少使用的实际情况并非各企业从此不再使用这一制度，而是根据各自的实际情况，以适合各公司的形式重新使用。在选项中：1文章第二段说明20世纪80年代后期大企业开始引进这一制度，而第六段又说明近年来使用这一制度的企业比率下降，因此引进的公司并非一直增加，这一选项不准确；2不使用这一制度的企业并没有减少，该选项为错误选项；3对这一制度的理解上的变化，并不是简单地说它好的人多了，而是人们对这一制度的认识加深了，该选项不准确。

其他选项分别是

1　フレックスタイム制を何年も前から導入する企業が増えている。/引入弹性工作时间制的企业从多年前就开始增加了。

2　フレックスタイム制を最近、やめる企業が減ってきている。/最近不使用弹性工作时间制的企业减少了。

3　フレックスタイム制はいいという声が上がってきている。/说弹性工作时间制好的声音增加了。

（三）

7　正确答案是3。

　　餡ライスになってしまい、満足はできないが、私にしてはよくがんばったと思う。（做成了带馅儿的饭团，虽然无法满足，但我觉得自己已经很努力了。）

　　该题目属于总结性的问题。本文是一篇随笔，其结构是体验→感想→总结，该题目问感想，根据文章结构，答案应该在文章的中间部分查找。文章中的关键句子是第三段和第四段的最后一句：「よくぞここまでがんばったと、自分自身を褒めてやりたい気持ちだった」（努力到这个程度真不容易，满是想要表扬自己的心情）、「これはぼたもちではなく、餡ライスであった」（这不是牡丹饼，而是带馅的饭团）。在选项中：1与文章意思相悖，作者并没有觉得自己做得很好；2与文章的意思相悖，他本人是表扬自己积极的心情，并没有后悔做；4的后半部分不正确，买现成的是现在的决定，而不是当时的想法。

其他选项分别是

1　あんこ鮨になり、次に餡爆弾のようになったが、思っていたより上手にできた。/变成了带馅儿的寿司，然后又变成了像馅炸弹，比预想的做得要好。

2　実際作ると難しく、作らなければ良かったと、途方にくれた。/实际上做起来很难，早知道不做就好了，没办法了。

4　もち米と餡のハーモニーが難しく、出来合いを買ったほうがいいと思った。/糯米和馅的调和是很难的，买现成的就好了。

8　正确答案是2。

　　母親はぼたもちを簡単に作りあげた。（母亲很容易地做出了牡丹饼。）

　　该题目属于句子解释类的问题。文章中的关键句子是：「いとも簡単に作り上げた」，说明做牡丹饼对于母亲来说很简单。在选项中：1像变戏法一样只是比喻说明母亲做牡丹饼的技术很娴熟，并不是真的会变戏法；3文中没有提到这个内容；4母亲能够很容易地做出，并非做得不好，该选项错误。

其他选项分别是　1　母親は手品ができた。/母亲会变戏法。
　　　　　　　　　3　母親は片手でぼたもちを5個作った。/母亲单手做出5个牡丹饼。
　　　　　　　　　4　母親はぼたもちを上手に作れなかった。/母亲做不好牡丹饼。

9　正确答案是3。

　　日常の簡単そうに見えているものでも、実際にやってみると難しく、一度失敗すると再度挑戦しようという気になるのが難しい。（日常中看起来很简单的东西，实际做起来却很难，一旦失败就很难再想挑战。）

　　该题目属于总结性的问题。根据该篇随笔的结构，最后一段总结了作者的思想，文章中的关键句子是：「重い腰をあげてさっさと再チャレンジすればいいのに」，说明作者没有勇气再次挑战。在选项中：1作者并不是为了成为日本人而做牡丹饼的；2原文第一段「海外にしか目がいかなかった」（只把目光投向海外），这句话只是让作者反省自己开始做牡丹饼的一个理由而已；4的后半句不符合文章的意思，作者并非想说可以买到现成的，很方便。

其他选项分别是　1　日常から日本人になるためにぼたもち作りに挑戦したが、難しく、再度チャレンジする気にならず、やっぱり日本人にはなれないと思った。/为了从日常生活起做日本人而挑战做牡丹饼，但是很难做，不想再次挑战，到底还是无法做日本人。
　　　　　　　　　2　海外にばかり目を向けず、日本にもいいものがたくさんあるのだから、身近なものからチャレンジすべきだ。/不只把目光投向海外，日本也有很多好的东西，应该从身边的东西开始挑战。
　　　　　　　　　4　こんなに難しいぼたもちを昔の人はよく作っていたものだ。今は出来合いを買ってくればいいのだから便利になった。/这么难做的牡丹饼，以前的人却做得很好。现在因为可以买到现成的，很方便。

（四）

10　正确答案是4。

日本的「こころ」。（日本式的心。）

该题目属于文章主旨类问题，这类问题的提问形式一般是选出文章的标题或问文章叙述了什么内容。解决这类问题的方法是正确掌握文章的中心话题，并且找出恰当的关键词。这篇文章中的关键词在第一句话的：「日本語の『こころ』」。该句中"日语中"泛指"日本文化下"，即"日式"的含义。在选项中：1文章中并没有讨论「こころ」与"心"的关系，因此不恰当；2文章从始至终讨论的不是"古典的心"，而是日语中"心"的意思，引用古典中的例子是为了考查"心"的用法，因此不恰当；3本文并非考查日本人的"心理""精神"，因此不正确。

> 其他选项分别是
>
> 1　「こころ」と「心」。／「こころ」与心。
> 2　古典の心。／古典的心。
> 3　日本人の心。／日本人的心。

11　正确答案是2。

意図やねらい。（意图和目的。）

该题目属于关键词填空的问题。文章中的关键句子是：「表面からはわからない本当の気持ち……本心」。这一段主要说明日语中的"心"有"本心"的意思，「意図やねらい」与"本心"的意思是最接近的。通过该篇文章可以看出，日语的"心"在不同词语组合中体现不同的意思，其中包括四个选项中的各个意思，即有时表现为"理性和心得"的意思，有时表现为"情趣、哀伤"的意思，而有时又表现为"关怀、情爱"的意思，而在该题的关键词语填空中最为符合的是"意图、目的"这一意思，因此选择2。

> 其他选项分别是
>
> 1　理性や心得。／理性和心得。
> 3　情趣や「あはれ」。／情趣和"哀伤"。
> 4　思いやりや情愛。／关怀和情爱。

12　正确答案是4。

思慮の無さや不注意と他人の気持ちを理解しないこと。（不深思、不注意和不理解他人的心情。）

该题目属于总结性的问题，需注意该题目是选择错误的选项。文章中的关键句子是：「『心なき』は、思慮分別がなく、不注意であることにも用いられるが、また他人の気持ちを理解しないことをも意味しており」，可见选项4说明的是「心なき」的意思，而不是"心"的意思。这篇文章阐述了日语中的"心"的几个意思。在选项中：1原本"心"是"心脏"的意思，有时也被用于"心情"的意思，在文章的第一段做了阐述，是

正确的意思；2总结了文章中的第二段落，是正确的意思；3是文章的第三段落和第四段落的意思，是日语中"心"的意思。

其他选项分别是　　1　生命活動にとって根源的な臓器としての心臓と心情の働き全体。/作为生命活动根源的脏器心脏和心情活动的整体。

2　英語の「ハート」ともののもっている意味ないしねらい。/英语的"心"和事物所具有的意思及用意。

3　表面からはわからない本当の気持ちと何か内に隠れたもの。/从表面无法了解的真正的心情和隐藏在内的某种东西。

模拟考场

問題13　次の文章を読んで、後の問いに対する答えとして最もよいものを、1・2・3・4から一つ選びなさい。

　私は日本語を特別に母音語と呼んでいる。母音語に分類される言語は、私の知る限りでは日本語だけである。

　ポリネシア語がかなり母音に傾倒した、日本語に近い音構造であることを指摘する学者もいるが、ポリネシア人は日本の五十音図のような数字的な読み文字モデルまで持っているわけではないようなので、正式な母音言語と呼んでいいかどうかは保留中である。

　日本語を母音語と名付けて特別扱いするのには、完全な開音節言語であることの他にもう一つ理由がある。日本語が、母音単音の語（吾a、胃i、井i、鵜u、卯u、絵e、柄e、枝e、餌e、尾oなどなど）を数多く持つ、世界でも珍しい言語だったからだ。

　私たちは、母音単音を、語として認識しているのである！日本語人の読者の方は、あまりにも当たり前なので、私が付けた、この「！」の意味がちょっとわからないと思う。

　では、これならどうだろう。<u>母音単音を語として認識する人間と、そうでない人間は、脳の機能構造が違うのである</u>！

　医学博士の角田忠信氏の著書『日本人の脳』によれば、欧米各国と韓国ならびに日本の被験者のうち、母音単音を言語優位脳、つまり「考える半球（左脳）」で聞くのは、なんと日本語人だけ、という顕著な実験結果が出ているのである。

　ここで、私があえて日本「語」人としたのには理由がある。日本語人とは、50ページでもふれたように、母語が日本語である人のこと。遺伝子的あるいは国籍上は日本人でなくても、生まれてから言語脳完成期（八歳ごろ）までの期間に日本に住み、日本語で育った人を含む。

　角田博士の実験によれば、日本語人以外は、単音の母音を言語優位脳で聞いていないのである。つまり、音楽や雑音を聴く領域で処理され、記号として扱われていないことになる。彼らにとって、母音の音声は人間が自然に出す音、すなわち唸り声のようなものであって、記号として認識できない音なのだ。

　私たち日本人も、空調のファンの音や、楽器の音、お父さんがお風呂に入ったときに出す唸り声なんかは、ちゃんとした擬態語にはしにくい。記号化に失敗し言語脳で処理できないからだ。

（黒川伊保子『怪獣の名はなぜガギグゲゴなのか』新潮新書による）

71　筆者は「母音単音を語として認識する人間と、そうでない人間は、脳の機能構造が違う」と言っているが、どんなことか。

1　母音単音を語として認識する人間は母音単音も言語として処理する左脳を持つということ。

2　母音単音を語として認識する人間の左脳は母音単音の音を言語として処理できないということ。

3　母音単音を語として認識する人間の左脳は母音しか言語として聞き分けられないということ。

4　母音単音を語として認識する人間は母音単音を音楽や雑音を聞く領域で処理するということ。

72　筆者は、日本語人に可能なことは、どんなことだと考えているか。

1　唸り声を意味のあることばとして聞くこと。

2　「あ」、「い」、「う」、「え」、「お」の1字を意味のあることばとして認識すること。

3　人間が自然に出す音を意味のあることばとして聞くこと。

4　どんな音でも、文字に書き表すことができること。

73　筆者によれば、日本語人の特徴はどれか。

1　人間が出した音であれば、日本語人はすべて意味のあることばとして認識している。

2　日本語人は遺伝子的に左脳が非常に発達している。

3　日本語人は、そうでない人々と違い、たとえば「い」のような母音単音を言語優位脳で聞かないため擬態語を使うことが多い。

4　日本語人は「お」のような母音単音も言語優位脳で聞いており、意味のあることばとして認識している。

正解：1 2 4

精　解　专　栏
独家发布

7　正确答案是1。

母音単音を語として認識する人間は母音単音も言語として処理する左脳を持つということ。（将母音单音作为语言认识的人，拥有将母音单音作为语言来处理的左脑。）

该题目属于画线关键句子解释的问题。文章中的关键句子是：「母音単音を言語優位脳、つまり「考える半球（左脳）」で聞くのは、なんと日本語人だけ」，就是说只有日本人听母音单音是使用语言优势脑的左脑的。在选项中：2与文章中的表述相悖，只有这些人可以将母音单音作为语言来处理；3的表述片面，他们不仅能将母音作为语言分辨出来；4是错误的，这些人听母音单音的区域和听音乐、杂音的区域是不同的。

其他选项分别是　　2　母音単音を語として認識する人間の左脳は母音単音の音を言語として処理できないということ。/将母音单音作为语言来认识的人的左脑，无法将母音单音的音作为语言来处理。

3　母音単音を語として認識する人間の左脳は母音しか言語として聞き分けられないということ。/将母音单音作为语言来认识的人的左脑，只能将母音作为语言听出来。

4　母音単音を語として認識する人間は母音単音を音楽や雑音を聞く領域で処理するということ。/将母音单音作为语言来认识的人，使用听音乐和杂音的区域来处理母音单音。

7?　正确答案是2。

「あ」、「い」、「う」、「え」、「お」の1字を意味のあることばとして認識すること。（把"あ"、"い"、"う"、"え"、"お"这些字作为有意义的语言来认识。）

该题目属于关键句子解释的总结性的问题。文章中的关键句子是：「日本語人以外は、単音の母音を言語優位脳で聞いていないのである」，就是说说日语的人是用语言优势脑来听单音的母音，也说明说日语的人是用思考的半球（左脑）来听单音的母音的。在选项中：1不正确，呻吟声是无法用处理语言的大脑来处理的；3与文章意思相悖，不把人自然发出的声音作为有意义的语言来听；4是错误的，因为很多声音是难以用拟态语来表示的。

其他选项分别是
1　唸り声を意味のあることばとして聞くこと。/把呻吟声作为有意义的语言来听。
3　人間が自然に出す音を意味のあることばとして聞くこと。/把人自然发出的声音作为有意义的语言来听。
4　どんな音でも、文字に書き表すことができること。/无论什么声音，都可以用文字来表示。

[73]　正确答案是4。
　　日本語人は「お」のような母音単音も言語優位脳で聞いており、意味のあることばとして認識している。（说日语的人对于像「お」这样的母音单音也用语言优势脑来听，把它作为有意思的词汇来认识。）
　　该题目属于考查文章主旨类问题。文章中的关键句子是：「母音単音を、語として認識しているのである」，说明日语人在听单音的母音时，使用语言优势脑。在选项中：1表述不正确，例如人自然发出的呻吟声就无法用语言脑来处理；2文中没有涉及说日语的人的左脑是否发达；3后半句是错误的，说日语的人是使用语言优势脑来听「い」这样的母音单音的。

其他选项分别是
1　人間が出した音であれば、日本語人はすべて意味のあることばとして認識している。/只要是人发出的声音，说日语的人都会把它作为有意义的语言来认识。
2　日本語人は遺伝子的に左脳が非常に発達している。/说日语的人从遗传基因来看，左脑非常发达。
3　日本語人は、そうでない人々と違い、たとえば「い」のような母音単音を言語優位脳で聞かないため擬態語を使うことが多い。/说日语的人与其他的人不同，例如对于「い」这样的母音单音，由于不使用语言优势脑来听而多使用拟态语。

问题 **14**

信息检索
——答题关键

- 该题中涉及到的文章大多是商务信函、通知、广告等内容。每篇文章后面有2个问题，主要考查学生的实际应用能力，即如何快速查找所需的信息的能力。

- 该题型为改革后的新题型，但考查的内容仍然在关键词语或关键句子的理解及对全篇文章的整体把握。

- 解题时要注意看文章的类型，如果是通知、信函、会议记录类文章，需要重点把握几个关键要素，如时间、地点、人物、事件等。如果是广告、企划等相关内容的文章，需要重点把握其中的关键词及关键句子。

- 此类文章一般句子较短，可以大致阅读一遍之后再做解答。最后将答案再带回文章内进行确认。

免 费 检 测

限时：4分钟

問題14　次の報告書はS＆A社の営業課員がまとめた報告書である。下の問いに対する
　　　　答えとして最もよいものを、1・2・3・4から一つ選びなさい。

平成〇年〇月〇日

①

日時：平成〇年〇月〇日（水）　午後2時〜4時
場所：吉田物産（株）　本社3階会議室
出席者：吉田物産　　　鈴木　弘　　　　常務取締役（営業担当）
　　　　　　　　　　　山田　栄三　　　営業部長
　　　　　　　　　　　伊藤　明　　　　営業課長
　　　　　　　　　　　森　達夫　　　　営業課
　　　　当　社　　　　H．G．スミス　支社長
　　　　　　　　　　　山本　吉雄　　　営業部長
　　　　　　　　　　　中野　次郎　　　営業一課長
　　　　　　　　　　　加藤　隼人　　　営業一課
会談内容：吉田物産より要望のあった追加資料、商品見本などは（詳細は添付2参考）
　　　　　早急に先方へ届けることが必要となった他、当日の打ち合わせ内容次の通
　　　　　り。
　　　　1.当社より本日の打ち合わせ会実現について謝意を述べた後、以下につい
　　　　　て説明：
　　　　　①S＆A社の日本における営業概況。（「会社案内」配布）
　　　　　②主力商品デュクロンの特性。（「製品カタログ」と商品見本配布）
　　　　　③提携の申し入れ。
　　　　2.吉田側より営業概況の説明（詳細は添付1参考）
　　　　3.質疑応答に入り、吉田側より提携の条件、メリットなどについて突っ込
　　　　　んだ質問あり。
　　　　4.吉田側は当社との連携につき社内で検討し、結論が出次第当社に伝える
　　　　　と約束。

以上

添付（1＆2）

加藤記

74 ①はこの文書のタイトルである。次の1・2・3・4から、最も適合なものを選びなさい。

1　吉田物産（株）来訪報告。　　　　2　吉田物産（株）訪問報告。

3　S&A社来訪報告。　　　　　　　4　S&A社訪問報告。

75 打ち合わせ会の後、当社はすぐにするべきことは何か。

1　追加資料、商品見本など先方に送ること。

2　添付1の内容を参考すること。

3　連携の条件、メリットなどについての質問に答えること。

4　吉田側の検討結論を待つこと。

问题14–免费检测

74　正确答案是 2。

吉田物産（株）訪問報告。（访问吉田物产公司的总结报告。）

该题目属于关键内容理解类问题。关键内容是：「場所：吉田物産（株）本社3階会議室（地点：吉田物产 总部3楼会议室」，由此可以看出是本公司去访问其他公司，来访的地点应该是本公司内的某个会议室。

其他选项分别是　1　吉田物産（株）来訪報告。/吉田物产来访的总结报告。

　　　　　　　　3　S&A社来訪報告。/S&A公司来访的总结报告。

　　　　　　　　4　S&A社訪問報告。/访问S&A公司的总结报告。

75　正确答案是 1。

追加資料、商品見本など先方に送ること。（给对方发送追加资料，商品样品等。）

该题目属于关键句子理解类问题。本题的关键句子是：「会談内容：吉田物産より要望のあった追加資料、商品見本などは（詳細は添付2参考）早急に先方へ届けることが必要となった他」（会谈内容：除需要立刻将吉田物产要求追加的资料及商品样品等（详情参照附件2）送去之外）。在选项中：2表述的是参考附件1的内容，正确的应该是参考附件2的内容；3的内容已经在与吉田公司商谈的时候做过了；4的内容是接下来应该做的。

其他选项分别是　2　添付1の内容を参考すること。/参考附件1的内容。

　　　　　　　　3　連携の条件、メリットなどについての質問に答えること。/回答关于合作条件、益处等的问题。

　　　　　　　　4　吉田側の検討結論を待つこと。/等待吉田公司的讨论结果。

魔鬼训练

（一）

社内の打ち合わせです。

男1：ユニットバスのモニターアンケートの結果がでましてので、ご覧ください。この結果から、どのポイントに重点を置いて改良すべきか、案をまとめて、今後の部内会議に出したいと思います。

女1：今回の製品は、高齢者向け、ということでしたよね。

男1：はい。

男2：んー。心配してた、手すりとか、滑りとめとか、その辺は満足してもらってますね。

女2：本当。機能については、ほぼ合格点じゃないですか。

男1：浴槽の大きさについても、ちょうどよかったようですね。

女1：あんまり大きすぎると、身体が沈んでしまって、危ないですからね。

男2：ん？意外ですねえ。色調が今一つだったなんて。

女2：お風呂といえば、淡いピンクとかブルーなんかが定番なんですけどね。

男2：落ち着かないんでしょうか。

男1：いや、自由記述の欄を見てください。
　　　壁と床のトーンを変えるとか、浴槽と床を変えるとか、そういう工夫が必要なんですよ。

女1：思いつきもしませんでしたね。

男2：それから、材質については…。

女2：木材を使ってほしいという意見もありますけど、少数派ですね。

女1：木は手入れが大変ですからね。

男1：じゃ、先ほどの点に力を入れて、企画案をまとめましょう。

1 何についての打ち合わせか。

1　ユニットバスの開発。　　　　　　2　高齢者向けるかどうか。

3　機能の合格点。　　　　　　　　　4　アンケートの企画。

2 どんな点を中心に改良しようと言っているか。

1　大きさ　　　　2　材質　　　　3　機能　　　　4　色づかい

（二）

○○○○年○月○日

各位

株式会社ABC

研修事業部

新入社員研修会のお知らせ

新入社員の皆さん、入社おめでとうございます。

　さて、このたび入社に先立ち、下記の通り新入社員研修会を行います。つきましては、万障お繰り合わせのうえ、ご参加願います。

　なお、参加できない方は、理由を添えて早めに当事務部にご連絡ください。

記

1. 日　　時：○○○○年○月○日（土）○日（日）の2日間
　　　　　　　（現地集合　午前11：00、現地解散　午後2：00）
2. 場　　所：箱根山荘ホテル
3. 内　　容：社内各部の業務説明等
4. スケジュール：当日配布いたします。
5. 経　　費：①宿泊費：1泊2日（含む、食事）当社が負担いたします。
　　　　　　　②交通費：自宅から現地までの往復交通費につきましては、後日清算となりますので、とりあえず各自で立替払いをお願いいたします。
　　　　　　　③電話代等：各部屋設置の電話の料金及び飲物代は、各自負担となります。
6. その他：ご不明な点は、当事業部に直接お問い合わせください。

以上

3 新入社員研修会に参加すると、どこで集合するか。

　1　研修事業部　　　　　　　　　2　社内各部
　3　箱根山荘ホテル　　　　　　　4　各部屋

4 新入社員が負担する経費は何か。

　1　宿泊費と交通費。　　　　　　2　交通費と電話代等。
　3　宿泊費と電話代等。　　　　　4　電話代等。

（三）

```
Date：Fri, ** *** **** **：**：**
From：sayaka@****.***.co.jp
To：********@****.***.co.jp
```

新入社員の皆さんへ

皆さん、がんばっていますか。

販売目標を達成するには複数の道があります。

先輩社員にセールスのコツを教わるのはもちろん大切ですが、競争がますます激化している現在、それだけでは不十分です。顧客へのアプローチ方法から契約に至るまで、一人一人が状況に応じてセールス方法を工夫しなければ良い結果は得られません。

しかし、それにも増して何より大切なのは「ネバーギブアップ」の精神です。

ちょっと苦言を呈されただけで、傷ついてへこんでしまうようでは、よいセールスはできません。

お客さんに「ノー」と言われてセールスは始まるのです。

「何が何でも目標を達成するぞ」という強い思いがあれば、一つや二つの失敗など、なんのことはありません。

冷静に状況を判断しつつ、打たれてもたたかれてもはい上がってくる、そんな精神力を持ってほしいと思います。

そういう人たちの集団こそが、どんな高い目標でもこなせるのです。

皆さん、期待しております。

5 「それ」とあるが、どういうことか。

1 販売目標の達成と先輩に学ぶこと。

2 先輩に学ぶことと自分が工夫すること。

3 自分が工夫することと競争が激化すること。

4 販売目標の達成と競争が激化すること。

5 セールス活動において一番大切なのは何か。

1 先輩社員にセールスのコツを教わること。

2 状況に応じてセールス方法を工夫すること。

3 ネバーギブアップの精神。

4 冷静に状況を判断すること。

（四）

　人身事故が起こったパソコン製造工場の責任者が、社長へ次のような事故報告書を提出しました。

事故報告書

1. 事故の状況

　昨日15時30分ごろ第一倉庫内において、担当者Aが製品の出荷作業をして降りましたところ、積み上げてあった段ボール箱が荷崩れを起こしてAの頭部にあたり負傷しました。すぐ病院に連れて行き診察を受けましたが、全治2週間と診断されました。

2. 事故原因

　事故の直接的な原因は、本来3段積みと規定されている作業標準を守らず、不安定な4段に積んでいたことにあります。その他、現状の段ボール箱の強度にも問題があったことも判明しました。

　しかしながらこのような事故が発生した背景には、最近パソコンの在庫が急増したことがあります。このため外部業者への保管委託等の対策を取りましたが、増加分全部を減らすことはできず、応急対策として通労に置いたり4段積みにしたりせざるを得ませんでした。

3. 今後の対策

　以上から今後の対策としては、……………………………………………………

7 この事故の背景はどんなことか。

　1　作業標準を守らなかったこと。

　2　段ボール箱の強度が不足していたこと。

　3　在庫製品の数量が急増してきたこと。

　4　在庫品保管の外部委託対策を取らなかったこと。

8 今後の対策にならないのはどれか。

　1　出荷作業の人手を増加すること。

　2　作業標準を守ること。

　3　段ボール箱の強度を上げること。

　4　外部業者への保管委託を続けること。

精 解 专 栏
独家发布

（一）

1 正确答案是1。

ユニットバスの開発。（整体浴室的开发。）

该题目属于综合理解类问题，解答该题需要理解全文的大意。解答该题的关键句子是：「ユニットバスのモニターアンケートの結果がでましてので、ご覧ください。この結果から、どのポイントに重点を置いて改良すべきか、案をまとめて、今後の部内会議に出したいと思います。」（关于整体浴室的市场调查结果出来了，请大家看一下。从结果看，应该将改良的重点放在哪里，形成提案，打算在今后的部门内部会议中提出。）由此可以看出，本次会议是讨论如何改良整体浴室的，即关于整体浴室开发的。在选项中：2和3的内容均为问卷调查中涉及到的具体内容；4为误导选项，文章中提到的是根据问卷调查做企划案，而不是选项4的问卷调查的企划案。

其他选项分别是　2　高齢者向けるかどうか。/是否面向高龄人群。

3　機能の合格点。/机能的合格分数。

4　アンケートの企画。/问卷调查的企划案。

2 正确答案是4。

色づかい（色彩的使用）。

该题目属于关键句子掌握类问题。解答该题的关键在于：

男2：ん？意外ですねえ。色調が今一つだったなんて。

女2：お風呂といえば、淡いピンクとかブルーなんかが定番なんですけどね。

男2：落ち着かないんでしょうか。

男1：いや、自由記述の欄を見てください。

壁と床のトーンを変えるとか、浴槽と床を変えるとか、そういう工夫が必要なんですよ。

女1：思いつきもしませんでしたね。

该段对话是关于色彩使用方面的，首先提及的是目前该款整体浴室只有一种色彩，而从反馈的意见来看，（如果买了这款整体浴室）就有必要考虑是改变墙壁和地板的颜色还是改变浴缸和地板的颜色。最后的女1表示"确实没想到啊"，即今后应该改善的地方是在这里。在选项中：1反馈的意见是「浴槽の大きさについても、ちょうどよかったようです」大小正好；2反馈的意见是「木材を使ってほしいという意見もありますけど、少数派ですね。」虽有希望使用木材的意见，但是是少数人；3中「機能については、ほぼ合格点じゃないですか」几乎都是合格的。

> 其他选项分别是　1　大きさ/大小
> 　　　　　　　　2　材質/材质
> 　　　　　　　　3　機能/功能

（二）

3　正确答案是3。

箱根山荘ホテル（箱根山庄宾馆）。

解答该题的关键在于「現地集合午前11:00」，我们可以看出后面的场所一栏为"箱根山庄宾馆"，因此集合的地点应该是箱根山庄宾馆。在选项中：1是该通知的发放单位；2虽然通知中提及，但是是研修内容中提及的；4是干扰选项。

> 其他选项分别是　1　研修事業部。/研修事业部。
> 　　　　　　　　2　社内各部。/公司内部。
> 　　　　　　　　4　各部屋。/各自房间。

4　正确答案是4。

電話代等。（电话费等。）

解答该题的关键在于通知中的第五项内容，其中包括住宿费、交通费和电话费三项内容。住宿费是由公司承担的并且含餐费，交通费一栏是「自宅から現地までの往復交通費につきましては、後日清算となりますので、とりあえず各自で立替払いをお願いいたします」，该句中表明关于交通费公司会过后结算，暂时由各位自行承担。这样只有电话费等是由本人承担的。

> 其他选项分别是　1　宿泊費と交通費。/住宿费和交通费。
> 　　　　　　　　2　交通費と電話代等。/交通费和电话费等。
> 　　　　　　　　3　宿泊費と電話代等。/住宿费和电话费等。

（三）

5　正确答案是2。

先輩に学ぶことと自分が工夫すること。（向前辈学习及自己探索。）

该题目属于关键词语解释类问题，且该题的关键词语是指示代词，因此正确答案一般需要从前文中寻找。解答该题的关键句子是：「先輩社員にセールスのコツを教わるのはもちろん大切ですが、競争がますます激化している現在、それだけでは不十分です。顧客へのアプローチ方法から契約に至るまで、一人一人が状況に応じてセールス方法を工夫しなければ良い結果は得られません。」（向前辈学习销售的技巧是很重要的，但在竞争日益激烈的现在，那还不够。从向顾客推销到签约，如果不根据顾客个人的状况进行销售方法探索的话，是不会得到好的成果的。）从以上句中可以看出有两项内容很重要，即向前辈学习及自己不断探索。在选项中：1中的"销售目标的实现"是该封信件的核心内容，即如何达成销售目标并介绍了方法及心态；3中的"竞争激烈"只是讲销售的大环境，并不是销售成功的方法；4中也有"销售目标的实现"，可以排除。

其他选项分别是　1　販売目標の達成と先輩に学ぶこと。／销售目标的实现及向前辈学习。

3　自分が工夫することと競争が激化すること。／自己探索及竞争激烈。

4　販売目標の達成と競争が激化すること。／销售目标的实现及竞争激烈。

6　正确答案是3。

ネバーギブアップの精神。（永不放弃的精神。）

该题目属于综合理解类问题。解答该题的关键在于把握文章中的关键句子：「先輩社員にセールスのコツを教わるのはもちろん大切ですが、……それだけでは不十分です。……一人一人が状況に応じてセールス方法を工夫しなければ良い結果は得られません。しかし、それにも増して何より大切なのは『ネバーギブアップ』の精神です。」从以上可以看出，如果按重要程度进行排序的话应该是「『ネバーギブアップ』の精神」→「セールス方法を工夫」→「先輩社員にセールスのコツを教わる」这样的顺序。在选项中：1虽然很重要，但不是最重要的；2同样也是很重要，但相比较而言不是最重要的；4虽然文章中有所提及，但是对选项3的内容解释时提及的。

其他选项分别是　1　先輩社員にセールスのコツを教わること。/向前辈职员学习销售的技巧。

2　状況に応じてセールス方法を工夫すること。/探索不同情况下的不同销售方法。

4　冷静に状況を判断すること。/冷静地对情况进行判断。

（四）

7　正确答案是3。

在庫製品の数量が急増してきたこと。（库存产品的数量急剧增加。）

该题目属于关键句子理解类问题。解答该题的关键句子是：「このような事故が発生した背景には、最近パソコンの在庫が急増したことがあります。」（发生这样事故的背景是最近电脑的库存量急剧增加。）在选项中：1和2是本次事故发生的原因；4与文中叙述相悖。

其他选项分别是　1　作業標準を守らなかったこと。/没有遵守作业标准。

2　段ボール箱の強度が不足していたこと。/纸板箱的强度不够。

4　在庫品保管の外部委託対策を取らなかったこと。/不采取向外推销库存的对策。

8　正确答案是1。

出荷作業の人手を増加すること。（增加出库的作业人员。）

该题目属于综合理解类问题。解答该题的关键在于把握产生该事故的原因，其中产生该事故的原因主要有「規定されている作業標準を守らず」、「現状の段ボール箱の強度にも問題があった」、「外部業者への保管委託等の対策を取りましたが、増加分全部を減らすことはできず」，因此作为今后的对策应该是解决以上三个原因。

其他选项分别是　2　作業標準を守ること。/遵守作业标准。

3　段ボール箱の強度を上げること。/提高纸板箱的强度。

4　外部業者への保管委託を続けること。/继续向外部委托保管业务。

模拟考场

問題14　下の文は科目の登録についての説明である。下の問いに対する答えとして最も
　　　　よいものを、1・2・3・4から一つ選びなさい。

科目登録について

　学生は学期の始めに、履修しようとする全科目の登録をしなければなりません。集
中講義や4年生の卒業論文等も含みます。登録しない科目は受講できません。登録後は
正当な理由なく変更はできません。やむを得ない場合に限って、指定された日にのみ
変更できます。同じ時間の複数の科目の登録はできません。

　登録に間違いがあると、進級や卒業ができないこともありますので、確認して、ま
ちがいがあれば、指定された日に修正してください。

　科目登録希望者が定員を上回る場合は、原則として上級学年が優先されます。しか
し、下記の科目は異なりますので、注意してください。

　(1)　各学部共通科目——（1）1年生（2）2年生（3）4年生（4）3年生の順
　　　　　ただし、コンピュータークラスは以下の優先順位とします。（1）4年生
　　　　（2）1年生（3）2年生（4）3年生の順

　(2)　必修科目——その学年で取るべきとされている学年を優先し、後は上級学年
　　　　から順に優先します。

　(3)　外国語——初めて受ける学生優先です。

74　田中さんは4年生で、中国語は一度落としている。田中さんが必ず取れる科目はど
　　れか。

　1　コンピュータークラスである。

　2　共通科目の物理である。

　3　中国語である。

　4　3年生の必修科目の国際経済論である。

75 本文の内容と一致しているものはどれか。

1 担当の教師が認めれば、登録しなくても受講できる。

2 国際経済論を登録したが、担当教師がきびしいと聞いたので、フランス語に変更したい。変更することが可能である。

3 数学とコンピューターの授業が同じ日に重なっている。両方登録して後で決めることが可能である。

4 4年生は学期初めに、卒業論文の登録が必要である。

74 正确答案是1。

コンピュータークラスである。（计算机课程。）

该题目属于关键句子理解类问题，解答该题的关键句子是：「各学部共通科目——（1）1年生（2）2年生（3）4年生（4）3年生の順。ただし、コンピュータークラスは以下の優先順位とします。（1）4年生（2）1年生（3）2年生（4）3年生の順」。从该句子中可以看出，作为四年级学生的田中公共科目中需要选择计算机，因为优先顺序中是第一位的。在选项中：2的物理虽是公共科目，但从优先顺序中是第三位的，一年级的学生是必选的；3中的汉语，田中虽然没有及格，但第一次学习的学生优先；4的三年级必修科目医际经济论是三年级优先选择的，之后才是田中的四年级学生。因此也不是作为四年级学生的必选科目。

> 其他选项分别是
>
> 2 共通科目の物理である。/公共科目的物理。
>
> 3 中国語である。/汉语。
>
> 4 3年生の必修科目の国際経済論である。/三年级必修科目的国际经济论。

75 正确答案是4。

4年生は学期初めに、卒業論文の登録が必要である。（四年级的学生在学期初期，需要进行毕业论文的登记。）

该题目属于综合理解类问题。解答该题的关键在于掌握文章的大意并理解每个选项与文章中内容的联系。解答该题的关键句子是：「学生は学期の始めに、履修しようとする全科目の登録をしなければなりません。集中講義や4年生の卒業論文等も含みます。」（学生每个学期开始的时候必须要登录所有要学习的科目。包含集中讲座及四年级的毕业论文。）因此选项4是正确的。在选项中：1中只要教师认可不登录也可上课，与文章内容相反，文章中明确指出「登録しない科目は受講できません」；2的内容属于无正当理由更改所选课程，文章中明确指出「登録後は正当な理由なく変更はできません」登录后无

正当理由不得变更；3的内容属于登录同一日期的课程，文章中指出「同じ時間の複数の科目の登録はできません」不得登录同一时间的多门课程。

其他选项分别是

1 担当の教師が認めれば、登録しなくても受講できる。／只要任课教师同意，不登录也可听课。

2 国際経済論を登録したが、担当教師がきびしいと聞いたので、フランス語に変更したい。変更することが可能である。／登录了国际经济论，但听说授课教师很严厉，打算变更到法语。可以变更。

3 数学とコンピューターの授業が同じ日に重なっている。両方登録して後で決めることが可能である。／数学和计算机的课程在同一时间。可以登录两门课程后再做决定。

模擬テスト（一）

問題10　次の（1）から（5）の文章を読んで、後の問いに対する答えとして最もよい
　　　　ものを、1・2・3・4から一つ選びなさい。

（1）

　日本の青年は、親の家に居室を確保するだけではない。国立社会保障・人口問題研究所「家庭動向調査」（1998年）によれば、女性の7割以上、男性の5割以上が身の回りの世話（食事、洗濯、入浴など）を、また女性の4割、男性の3割が親から経済的支援を受けている。子にとっては、経済的負担を免れつつ、何くれとない世話を受けられ、親にとっては、同居によってさびしさを免れ、精神的な充実感が得られるというから、双方に利点が大きいのである。

（湯沢雍彦『データで読む家族問題』NHKブックスによる）

55　「双方に利点が大きい」とあるが、何が双方に利点が大きいのか。
　1　親と子が身の回りの世話をすること。
　2　親と子が同居すること。
　3　親と子が精神的な充実感が得られること。
　4　親と子が経済的に支援すること。

（2）

　大学などで、授業中の私語が減った。携帯電話でメールをやりとりする「静かな私語」にとってかわられたからだ。その会話はこんなふうに続く。
　「帰りどうする？」
　「マック」
　「えー、またぁぁ」
　「いいじゃん❤」
　「その前に服見よっ」
　にぎやかな街角で、暗闇の映画館で、ごう音のライブハウスで……。携帯電話のおかげで、日本人はどんな場所でも、（　　）ができるようになった。親指一本で。

（「ニッポンのことば」　2001年1月7日付朝日新聞による）

56 （　　）に入れるものは、次のどれがいいか。

  1　書くように話すこと。　　　　　2　話すように書くこと。

  3　書き言葉が話し言葉にかわったこと。　4　話し言葉が書き言葉にかわったこと。

（3）

　痛みの伴う慢性疾患は高齢者に多い。このため鎮痛剤の使用も多くなる。使用期間も長くなる。腎機能、肝機能が衰えていることに留意して、なるべく少なく、副作用の少ないものを選び、時々は血液の検査を行って、副作用をチェックしていくことなどが医学の常識となっている。患者自身も間違えて一度にたくさん飲んだり、痛みが軽減した後にも飲み続けることなどないよう、簡単な注意を守ることが大切である。

（野口實、岡島重孝『クスリの雑学事典』日本実業出版社による）

57 何についての注意点が書いてあるか。

  1　高齢者の慢性疾患。　　　　　2　鎮痛剤の使用。

  3　血液の検査。　　　　　　　　4　副作用のチェック。

（4）

　人間にとって、本当の幸せとは何だろうと考えさせられた2時間だった。自然の中であるがままに生きていけるのが幸せであるはずなのに、その大切な自然を人間である私たちが破壊している。とても情けない気持ちになった。

　自然が破壊されることによって、異常気象が発生し、さまざまな動植物が滅び、人間も自らその命を縮めていくことになるのだ。

　我々は何をしなければいけないのか、小さい一人の人間に何ができるのかを考えさせられた。

58 何についての感想文か。

  1　ボランティアにていて。　　　　2　国際化社会について。

  3　自然環境破壊について。　　　　4　絶滅する動植物について。

（5）

　7年ほど前のこと、夕方近くに都心へ向かう電車に乗った。車内は空いていたが、途中の駅で酔っぱらいが数人乗り込んできた。運悪く、その中の1人が私の横に座り、からんできた。

　私は恐怖のあまりその場を立ち去ることもできず、涙をこらえ、固くなっていた。どうしてよいかわからず、時間がとても長く感じられた。

　やがて、しばらくすると向こうから男性が近づいてきた。

彼は私の前に立つと一言、

「武田さんですよね。お久しぶりです」

私は武田ではなかったし、彼も知り合いではなかった。が、反射的に彼の差し出した手をつかみ、私は自然に立ち上がることができた。

あの時は動揺してろくにお礼も言えなかったが、彼の行動に心から感動している。今でも忘れられない。

（「差し出された手」『涙が出るほどいい話』第5集収録　河出書房新社による）

57 男性はなぜ「武田さんですよね」と言ったか。

1　酔っ払っていたから。

2　知り合いの武田さんと間違えたから。

3　酔っぱらいが1人では立ち上がれなかったから。

4　筆者を助けたいと思ったから。

問題11　次の（1）から（3）の文章を読んで、後の問いに対する答えとして最もよいものを、1・2・3・4から一つ選びなさい。

（1）

外国人に対して自国語の普及を推進するということは、一歩間違うと自国文化の押し付けになりかねないし、文化侵略という非難をうけかねない。戦前の外国における日本語の普及には、①そのようなきらいがあった。②現在の状況はとてもそんなことではない。積極的な普及どころか、世界の要望のまえに受け身でたたされて、その需要に応じきれないというのが実情である。

世界のなかの日本語人口が増加すると、日本語はいずれひとりあるきをはじめるだろう。外国人どうしのコミュニケーションに日本語が使われるようになるのである。日本語を上手に操る外国人に対しては、なにか自分たちの聖域を侵されたような気持ちをいだく人が多いのではないか。世界において日本語の使用人口が増大すると、そのような私有物感覚では対応できなくなるだろう。日本語は世界人類の共有財産の一部となるのである。日本人は、日本語を人類の共有に委ねるべく差し出したのである。ちょうど、柔道が世界的スポーツになったようなものである。柔道の起源は日本に発するが、いまや世界人類の共有するスポーツであって、日本人の独占物ではない。

日本国民の私有物から世界人類の共有遺産にうつるとともに、そこではたぶんある程度の改変作用がおこるだろう。柔道が国際化するとともに、体重別の制度が導入されたように、日本語も国際化とともに、何らかのルールの変革がおこる可能性がある。たとえば、敬語が現状のままでおこなわれるかどうかには疑問がある。

（梅棹忠夫『実践・世界言語紀行』岩波新書による）

60 ①「そのようなきらいがあった」とは、どういう意味か。

1　外国人に非難されたりきらわれる場合があった。

2　世界に受け入れられる洗練された言語になる。

3　世界の共通語になるかもしれない。

4　自分の文化を無理やり押し付ける傾向があった。

61 ②「現在の状況」はどういう状況か。

1　世界の要望を受け止めて積極的に需要にこたえるようとしている。

2　聖域を侵されぬよう日本語に対する意識を強くする。

3　世界の日本語に対する需要に十分に対応できないでいる。

4　戦前の文化侵略の反省から日本語の普及に消極的になっている。

62 日本語についての筆者の考えともっとも合うのはどれか。

1　日本語は日本人にとって聖域であるから、外国人に侵されるのはたえれない。

2　どうすれば日本語が国際化できるか工夫するべきだ。

3　日本語が国際化するとともに、変形していくのはしかたのないことだ。

4　日本語は世界人類の共有財産の一部であるが、私有財産として保留すべきだ。

（2）

　コンセルトヘボウ (注) の改修には、約二十五億円が必要だという。小国のオランダだけでまかなえる費用ではない。そこで、世界各国の援助を求めることになった。アメリカ財界はオランダ政府の要請に応じて即座に三億円を、ドイツもすぐに一億五千万円を寄付した。財政難にあえいでいるイギリスやフランスもすぐに対応した。日本財界では期限までに①なんと五百万円しか集まらなかった。目標額一億五千万円のうちの五百万円である。

　ホールに会社名をつけ、スポンサーとしてなら、おそらく日本企業は喜んで協力するだろう。よい宣伝になるからだ。ぼくにはそれが気に入らないのである。日本は貿易で生きるしかない。現在、いろいろな経済摩擦が起きている。②それを和らげるためにも、世界の国々と仲良くやっていかなければならない。だからこそ、企業名を出さない多くの奉仕が必要なのではあるまいか。

　ウィーン国立アカデミーや、ベルリンのムジーク・ホッホ・シューレなど、ヨーロッパの主な音楽学校の学生の八割は外国人である。その外国人のうちの九割までが日本人だということだ。国立の音楽学校は授業料をとらない所が多いため、国民の一部から、「なぜ日本の音楽家の卵のためだけに自分たちが税金を払うのか」という声が出てきている。

　我々日本人は、こういったさまざまな恩恵を受けているのだ。もっと外国の文化事業の援助に理解を示すべきだと思う。③でなければ礼儀がなさすぎる。

　　　　　（岩代宏之「国際社会への恩返し」『新しい国語2』東京書籍出版による）

注：コンセルトヘボウ：オランダの有名なコンサートホール。

E3 ①「なんと」とあるが、表れている筆者の気持ちはどれか。
　1　コンセルトヘボウの改修費用が高すぎる。
　2　日本の目標額が多すぎる。
　3　日本財界の額が少なすぎる。
　4　期限ぎりぎりまでかかった。

E4 ②「それ」が指す内容と合っているのはどれか。
　1　日本企業がよい宣伝をすること。　　2　日本は貿易で生きること。
　3　起きている経済摩擦のこと。　　　　4　ホールに日本企業名をつけること。

E5 ③「でなければ」とあるが、何でなければなのか。
　1　企業名を出さなければ。
　2　税金を払わなければ。
　3　さまざまな恩恵を受けなければ。
　4　もっと外国の文化事業に援助しなければ。

(3)
　「俺は男だ。男がそんな女々しいことができるか」とは主人の口癖。とにかく料理はまったくできないし、好き嫌いは多いし、掃除は腰痛のためできない。私が「弱い女に高いところや力のいる仕事をさせるの？」と言えば、「もう男じゃなく老人と見てくれ」なんて変わり身の早さにも腹が立つ。

　ある夜ⓐ「わたし、先に寝るから、お休み」と言っても、返事が返ってこない。ⓑ「お休みくらい言ったら？」と言う私に返ってきた言葉がⓒ「言わん」と一言。たった一字増やして「お休み」と言ってくれれば、聞く耳にもやさしく響くのに。ああ、これがつい最近金婚式を済ませた夫婦だろうかと情けなくなる。

　友人に愚痴をこぼすと「かわいいじゃない。①駄々っ子 (注) みたいで」と言われた。そうか、主人と思うから腹が立つんだと目からうろこが落ちた。

　これからは大きな駄々っ子の母として強く生きていかなくては、と思う半面、もう年だからいつまで大きな子供の母が務まるだろうかと②不安にもなる。どうか成長してくださいね、駄々っ子さん。

　　　　　　　　（「きのうきょう」2004年5月14日付産経新聞朝刊による）

注：駄々っ子：あまえて、人の言うことを聞かず、自分のわがままを通そうとする子供。

66 文章には ⓐ ⓑ ⓒ とあるが、それぞれ誰が言ったか。

1 妻 夫 妻 　　　　　　　　　2 妻 妻 夫

3 夫 妻 夫 　　　　　　　　　4 夫 夫 妻

67 ①「駄々っ子」とあるが、誰のことか。

1 夫 　　　　　　　　　　　　2 妻

3 二人の子供 　　　　　　　　4 友人

68 ②「不安にもなる」とあるが、何が不安なのか。

1 筆者は年をとっていくが、夫は子供のようなので面倒が見られるかどうか。

2 筆者は年をとっていくが、子供はだんだん大きくなるので面倒が見られるかどうか。

3 筆者も年をとっていくし、夫も年をとって老人になるので面倒が見られるかどうか。

4 筆者も年をとっていくが、友人の子供が駄々っ子のようで面倒が見られるかどうか。

問題12　次AとBはそれぞれ、教育について書かれた文章である。二つの文章を読んで、後の問いに対する答えとして最もよいものを、1・2・3・4から一つ選んでください。

A

　教育とは何か。一口で言ってしまえば一人一人の子供がもっている多様な先天的、後天的資質をできるだけ生かし、その能力をできるだけ伸ばし、発展させ、実り多い幸福な人生をおくることができる一人の人間として成長することを助けるのが教育だといいってよいでしょう。そのとき強調しなければならないのは、教育は決して、ある特定の国家的、宗教的、人種的、階級的、ないしは経済的イデオロギーによって支配されるものであってはならないということです。教育の目的はあくまでも、一人一人の子供が立派な一人の大人になって、個人的に幸福を、そして実り多い人生をおくることができるように成長することをたすけるものでなければなりません。

B

　一人一人の子供がもっている個性的な資質を大事にし、その能力をできるだけ育てることが教育の第一義的な目的であることはいうまでもありませんが、同時に子供たちが成人して、それぞれ一人の社会的人間として、充実した、幸福な人生を送ることができるような人格的諸条件を身につけるのが、教育の果たすもう一つの役割でもあります。そのために、教育は、個別的家庭あるいは、狭く地域的ないしは階級的に限定された場ではなく、できるだけ広く、多様な社会的、経済的、文化的背景をもった数多くの子供たちが一緒に学び、遊ぶことができるような場で行われることが望ましいわけです。

59 AとBで共通して述べられていることは何か。

　　1　教育は国家、宗教、人種などによって目的が違うので、同じようにはできない。

　　2　教育は子供が立派な一人の大人になることができれば終わりである。

　　3　教育は子供の資質を育てるだけでなく、人格も育てることを目的にしている。

　　4　教育は子供のもつ資質が多様なので、個別的に行うほうが効果がよい。

70 B文章に「そのために」とあるが、何のためか。

　　1　子供がもっている個性的な資質を大事にすること。

　　2　教育の第一義的な目的であること。

　　3　子供たちが成人すること。

　　4　人格的諸条件を身につけること。

問題13　次の文章を読んで、後の問いに対する答えとして最もよいものを、1・2・3・4から一つ選びなさい。

　女の人が誰かを非難するときというのは、自分が絶対に正しいんだという錯覚に陥るんですね。

　自分も相手のような立場にあったら同じようなことをしたかもしれない、ということには思い及ばない。

　そして、相手を非難したり、ジャッジしたり (注) しますね。男性にもいますが、女性にとくに多い傾向です。

　わたしは読者の皆さんに、そんな①頭の悪い女性になってもらいたくないと思っています。あなたが良いことをしている場合は、マイナス面もあることを知って欲しいのです。

　あなたが誰かを愛しているとします。

　あなたの中に、愛しているんだから何でも許される、というような論理が働きませんか。

　お子さんを愛している。子供を愛しているんだから当然じゃないの、と言って、その愛情が子供を窒息させていることに気がつかなかったりするのです。

　愛するということも大変なことだけれども、愛される身になると息が詰まることもある、ということに気がついていないでしょう。

　これはちょっと見方を変えてみればわかることで、あなたがいやな男に愛された場合を考えてみてください。

　向うは、あなたが好きだから、といってどんどん押し進めてきたら、あなたはどうしますか。

　それと同じようなことを、あなたは夫や子供にしてはいないでしょうか。

　わたしはみんなのためを思ってこういうことをしたのよ、という女の押しつけを、あなたはしていないでしょうか。

　みんなのため、ということで（　②　）と思ってはいないでしょうか。

　そういうような、十九世紀の女性が言うような理屈は、新しい女性は捨てた方が良いと思います。

　新しい女性は、自分のやっている良いことも、愛情も、③必ずマイナス面があり、愛すること、正しいことは、必ず相対的なものだ、ということに気づくだけの頭を持っていなくてはなりません。

　正しいことをやっていることで、すべてが許されたりしないのです。

　正しいことは絶対的なのではありません。

　愛は絶対である、という錯覚に捕らわれてはいけません。

　愛が絶対なのは神様だけであって、愛が人を傷つける場合もあるのです。

（遠藤周作『あなたの中の秘密のあなた』による）

（注）ジャッジする：評価する。

71 筆者が言う①「頭の悪い女性」とはどんな女性か。

1　夫や子供をとても愛している女性

2　良いこともマイナス面があると思っている女性

3　自分が絶対に正しいと思い込んでいる女性

4　相手の立場になって考える女性

72 （　②　）の中に入る言葉として最も適当なものはどれか。

1　すべてが非難される。　　　　　　2　すべてが息が詰まる。

3　すべてが錯覚される。　　　　　　4　すべてが許される。

73 ③「必ずマイナス面があり」とあるが、筆者によると、どういうマイナス面があるか。

1　人を非難することもある。　　　　2　人を傷つけることもある。

3　人を許さないこともある。　　　　4　人を愛せないこともある。

問題14　取引先のメーカーから、次のような文書が届いた。下の問いに対する答えとして最もよいものを、1・2・3・4から一つ選びなさい。

平成〇〇年〇月〇日

株式会社　水裏電機

事業本部長　佐藤義男　殿

株式会社　ジャンパン設備機器

事業部長　吉本栄一

拝啓　貴社益々ご清栄のこととお喜び申し上げます。

　去る7月16日の協議におきまして、お取引額の引き上げ、また、手形から現金お取引への変更と、弊社の要望をお聞き入れくださいまして、誠にありがとうございました。

　貴社のこうしたご厚意にお応えしていくためにも、尚一層の努力を続ける所存ですので、今後ともお引き立てのほど、何卒よろしくお願い申し上げます。

　さて、次回の定例会の議題につきましては、おおよそ、次のようなことを考えておりますので、お含みおきくださいますようお願い申し上げます。

　まず、新設備導入に関して、以前に提示いたしました条件より、お安くご案内できることになりましたので、結果をご報告させていただきたいと思います。

　次に、従来からご指摘いただいておりました製品に対する苦情につきましては、万全の体制で臨んだ結果、解決致しましたので、その結果についてもご報告申し上げます。

　また、次回定例会の席上、弊社の新製品のアイディアを発表させていただきたいと思います。同製品は、弊社と致しましては、貴社とのより緊密な連携を念頭におき、提案させていただくものですので、この機会に、是非じっくりと貴社の具体的な開発コンセプトを承りたいと存じます。

　以上、貴社の方でご意見等ございましたら、事前にご連絡いただければ幸いです。

　今後とも、よろしくお取引のほどお願い申し上げます。

敬具

74 取引先が、次回の定例会の議題は、いくつがあるか。

1　一つ　　　　　　2　二つ　　　　　　3　三つ　　　　　4　四つ

75 次回の打ち合わせで特に重要と考えていることは何か。

1　現金取引に変更すること。

2　以前に提示した価格を値引きすること。

3　苦情に対する処理体制を報告すること。

4　製品開発について話し合うこと。

問題10

55　正确答案是2。

親と子が同居すること。（家长与孩子共同居住。）

该题目属于文章主旨类问题，文章中的关键句子是最后一句：「同居によってさびしさを免れ、精神的な充実感が得られるというから、双方に利点が大きいのである」，是说共同居住对于双方都有很大的好处。问题是："什么使双方得到最大的好处？"在选项中：1是得到的好处的一部分，不符合题意；3是这样做的好处而不是方法，不符合题意；4是得到的好处的一部分，不符合题意。

其他选项分别是　1　親と子が身の回りの世話をすること。/家长与孩子在身边照顾（对方）。

3　親と子が精神的な充実感が得られること。/父母和孩子可以得到精神上的充实感。

4　親と子が経済的に支援すること。/父母和孩子在经济上（互相）支持。

56　正确答案是2。

話すように書くこと。（像说的那样写。）

该题目属于关键句填空类问题，文章中的关键句子是最开始的几句：「携帯電話でメールをやりとりする『静かな私語』にとってかわられたからだ。その会話はこんなふうに続く。」是说现在的学生用手机短信来代替交头接耳。在选项中：1是与事实相反的说法，是错误的；3文章中没有提到书面语变为口语，不符合题意；4文章中没有提到口语变为书面语，不符合题意。

其他选项分别是　1　書くように話すこと。/像写的那样说。

3　書き言葉が話し言葉にかわったこと。/书面语变为口语。

4　話し言葉が書き言葉にかわったこと。/口语变为书面语。

57 正确答案是2。

鎮痛剤の使用。（镇痛剂的使用。）

该题目属于考查文章主旨类问题，文章中的关键句子是前两句和最后一句：「痛みの伴う慢性疾患は高齢者に多い。このため鎮痛剤の使用も多くなる。」「患者自身も間違えて一度にたくさん飲んだり、痛みが軽減した後にも飲み続けることなどないよう、簡且な注意を守ることが大切である。」是说现在患有疼痛感的慢性病的老年人增多，使用镇痛药物时要注意剂量，不要在疼痛减轻后继续服用等。在选项中：1不是重点说明的问题，不符合题意；3不是治疗要注意的，不符合题意；4是需要注意的事项，不是中心内容。

其他选项分别是
1 高齢者の慢性疾患。/高龄者的慢性疾病。
3 血液の検査。/血液的检查。
4 副作用のチェック。/副作用的检测。

58 正确答案是3。

自然環境破壊について。（关于自然环境的破坏。）

该篇是综合理解类文章。解答该题的关键句子是：「自然の中であるがままに生きていけるのが幸せであるはずなのに、その大切な自然を人間である私たちが破壊している。」「自然が破壊されることによって、異常気象が発生し、さまざまな動植物が滅び、人間も自らその命を縮めていくことになるのだ。」在选项中：1的内容文章中并未提及；2的内容文章中也未提及；4的内容是环境破坏造成的动植物的灭绝。

其他选项分别是
1 ボランティアについて。/关于志愿者。
2 国際化社会について。/关于国际化社会。
4 絶滅する動植物について。/关于灭绝的动植物。

59 正确答案是4。

筆者を助けたいと思ったから。（因为想要帮助作者。）

该题目属于综合理解类问题，解答该类题型需要把握全篇的大意。解答该题的关键句子是：「私は恐怖のあまりその場を立ち去ることもできず」、「反射的に彼の差し出した手をつかみ、私は自然に立ち上がることができた」。作者因为太害怕而无法从座位上站起来，而面对男子伸出的手，反射性地站起来了。由此可以看出是男子来帮助作者的。在选项中：1的表达有误，男子并没有醉；2错在男子并没有认错人而是为了帮助作者故意那么做的；3的表述同样有误，作者并没有喝醉。

其他选项分别是　　1　酔っ払っていたから。/因为喝醉了。

　　　　　　　　　2　知り合いの武田さんと間違えたから。/因为将作者误认为是朋友武田。

　　　　　　　　　3　酔っぱらいが1人では立ち上がれなかったから。/因为喝醉了自己不能站起来。

問題11

60　正确答案是4。

自分の文化を無理やり押し付ける傾向があった。（有将自己的文化强加于人的倾向。）

该题目属于关键词语解读类问题，该题主要考查的是「そのような」，即指示代词的解答。解答指示代词类的题型，一般需要到前面的文章中寻找答案，解答该题的关键句子是：「一歩間違うと自国文化の押し付けになりかねないし、文化侵略という非難をうけかねない。」（错一步有可能变得强加本国文化，又容易被指责为文化侵略。）在选项中：1的内容与问题不符；2和3的内容文章中均未提及。

其他选项分别是　　1　外国人に非難されたりきらわれる場合があった。/有被外国人指责被外国人嫌弃的时候。

　　　　　　　　　2　世界に受け入れられる洗練された言語になる。/成为能够被世界所接受的简洁精练的语言。

　　　　　　　　　3　世界の共通語になるかもしれない/有可能成为世界的共通语言。

61　正确答案是3。

世界の日本語に対する需要に十分に対応できないでいる。（不能充分应对世界对日语的需求。）

该题目属于关键词语解释类问题。解答该题的关键句子是：「積極的な普及どころか、世界の要望のまえに受け身でたたされて、その需要に応じきれないというのが実情である。」（别说是积极的普及了，现在是被动的接受世界的需求，而且不能完全满足世界需求的实际情况。）在选项中：1与文章表达的意思相反；2虽然文章中有所提及，但不是解答该题的关键；4与文章表达的意思不符。

1 世界の要望を受け止めて積極的に需要にこたえるようとしている。/接受世界的需求并积极地应对。

2 聖域を侵されぬよう日本語に対する意識を強くする。/像不可侵犯的神圣领域一样对日语的意识增强。

4 戦前の文化侵略の反省から日本語の普及に消極的になっている。/因对战前的文化侵略进行反省，对日语的普及变得消极。

62 正确答案是 3。

日本語が国際化するとともに、変形していくのはしかたのないことだ。（随着日语逐渐国际化，形式变化也是没有办法的事。）

该题目属于综合理解归纳类问题，解答此类问题需要掌握全篇大意，理解上下文之间的关系。解答该题的关键句子是：「柔道が国際化するとともに、体重別の制度が導入されたように、日本語も国際化とともに、何らかのルールの変革がおこる可能性がある。たとえば、敬語が現状のままでおこなわれるかどうかには疑問がある。」（像随着柔道的国际化而引入的分体重级别制度一样，日语也有可能随着国际化而发生某些规则的变革。例如，敬语是否能保持现状都持有怀疑态度。）在选项中：1仅为日语国际化时一小部分人的想法，并不是作者的观点；2的内容文章中并未提及；4与作者所陈述的观点相反。

1 日本語は日本人にとって聖域であるから、外国人に侵されるのはたえれない。/日语对于日本人来说是神圣的领域，被外国人侵犯是不能容忍的。

2 どうすれば日本語が国際化できるか工夫するべきだ。/应该在怎么做才能使日语国际化上多下些功夫。

4 日本語は世界人類の共有財産の一部であるが、私有財産として保留すべきだ。/日语是世界人类的共同财产的一部分，但是应该作为私有财产保留。

63 正确答案是 3。

日本財界の額が少なすぎる。（日本商界的金额太少。）

该题目属于上下文意思理解类问题。解答该题的关键句是：「アメリカ財界はオランダ政府の要請に応じて即座に三億円を、ドイツもすぐに一億五千万円を寄付した。財政難にあえいでいるイギリスやフランスもすぐに対応した。日本財界では期限までになんと五百万円しか集まらなかった。目標額一億五千万円のうちの五百万円である。」（美国的商界应荷兰政府的需要，马上拨了3亿日元，德国也马上捐赠了1亿5千万日元。被财

政困难压得喘不过气的英国、法国也马上应对了。日本商界在截止期限前才只集到了500万日元，而目标是1亿5千万日元。）该题的解题关键是理解上下文之间的语意。在选项中：1在文章中没有体现；2文章中也未表达出此种意思；4同样也不是解题关键。

其他选项分别是
1 コンセルトヘボウの改修費用が高すぎる。/阿姆斯特丹音乐厅的修缮费用过高。
2 日本の目標額が多すぎる。/日本的目标金额过多。
4 期限ぎりぎりまでかかった。/一直拖到截止日期。

64 正确答案是3。

起きている経済摩擦のこと。（发生经济摩擦这件事。）

该题目属于关键词语理解类问题，解答该类题型一般从该词的前后句中找答案。解答该题的关键句子是：「日本は貿易で生きるしかない。現在、いろいろな経済摩擦が起きている。それを和らげるためにも、世界の国々と仲良くやっていかなければならない。」（日本只有贸易才能生存。现在发生了各种各样的经济摩擦。为了缓和这些摩擦，必须要和世界各国保持良好的关系。）在选项中：1与本题的解题关键无关；2是发生经济摩擦的原因，并不能作为该题的正确答案；4虽然文章中有所提及，但不是该题的解题关键。

其他选项分别是
1 日本企業がよい宣伝をすること。/日本企业做好宣传这件事。
2 日本は貿易で生きること。/日本靠贸易生存这件事。
4 ホールに日本企業名をつけること。/用日本企业名字给大厅冠名这件事。

65 正确答案是4。

もっと外国の文化事業に援助しなければ。（如果不更多地参与援助国外的文化事业的话。）

该题目属于关键句子的理解问题。解答该题的关键句子是：「我々日本人は、こういったさまざまな恩恵を受けているのだ。もっと外国の文化事業の援助に理解を示すべきだと思う。でなければ礼儀がなさすぎる。」（我们日本人总是这样接受各种各样的恩惠。应该更多地对外国的文化事业的援助表示理解，如果不这样就太没礼数了。）在选项中：1和2与本题并无关联；3所描述是我们已经得到的，并非本题的正确答案。

其他选项分别是
1 企業名を出さなければ。/如果不公布企业名称的话。
2 税金を払わなければ。/如果不交税金的话。
3 さまざまな恩恵を受けなければ。/如果不接受各种各样恩惠的话。

66 正确答案是2。

妻 妻 夫（妻子，妻子，丈夫）。

该题目属于文章内容理解类问题，解答该题的关键是掌握上下文之间的联系。文章中的关键句子是：「ある夜『わたし、先に寝るから、お休み』と言っても、返事が返ってこない。『お休みくらい言ったら？』と言う私に返ってきた言葉が『言わん』と一言。」（某天夜里，我说"我先睡了，晚安"，但对方没有回答。我又说"说一句晚安能怎样？"结果回答我的是"不说"这样一句话。）该篇文章是妻子写的，因此选项2为正确答案。

其他选项分别是
1 妻 夫 妻/妻子，丈夫，妻子
3 夫 妻 夫/丈夫，妻子，丈夫
4 夫 夫 妻/丈夫，丈夫，妻子

67 正确答案是1。

夫（丈夫）。

该题目属于关键句子理解类问题。解答该题的关键句子是：「友人に愚痴をこぼすと「かわいいじゃない。駄々っ子みたいで」と言われた。そうか、主人と思うから腹が立つんだと目からうろこが落ちた。」（向好友发牢骚的时候，好友说："不是很可爱吗，像磨人的孩子一样"。对啊，我恍然大悟，是因为他是丈夫才生气的。）在选项中：2是该文章的作者，并非正确答案；3的内容文章中未提及；4是倾听作者抱怨的人。

其他选项分别是
2 妻。/妻子。
3 二人の子供。/两人的孩子。
4 友人。/好友。

68 正确答案是3。

筆者も年をとっていくし、夫も年をとって老人になるので面倒が見られるかどうか。（作者也上了年纪，丈夫也上了年纪成了老人，不知道是否还能照顾。）

该题目属于关键句子理解类问题。解答该题的关键在于读懂文章背后的含义。这是一篇对丈夫饱含深情的文章。因此妻子的不安来源于对丈夫的爱。在选项中：1、2、4均没有表达出此种情感。

其他选项分别是　　1　筆者は年をとっていくが、夫は子供のようなので面倒が見られるかどうか。/作者上了年纪，但因为丈夫像孩子一样，不知能否照顾。

　　　　　　　　　　2　筆者は年をとっていくが、子供はだんだん大きくなるので面倒が見られるかどうか。/作者上了年纪，但孩子渐渐长大，所以不知能否照顾。

　　　　　　　　　　4　筆者も年をとっていくが、友人の子供が駄々っ子のようで面倒が見られるかどうか。/作者也上了年纪，但好友的孩子像个磨人的孩子一样，不知能否照顾。

問題12

69　　正确答案是3。

　　教育は子供の資質を育てるだけでなく、人格も育てることを目的にしている。（教育不只是培养孩子的资质，还以塑造人格为目的。）

　　该题目属于综合理解类问题，解答该题需要理解两篇文章的大意。文章A主要讲述了教育的定义、教育的意义。文章B主要讲述了除了资质的教育外，还更应该注意人格的教育。在选项中：1的内容与文章内容相反；2的内容文章并未明确指出；4的内容文章中并未提及。

其他选项分别是　　1　教育は国家、宗教、人種などによって目的が違うので、同じようにはできない。/教育是因国家、宗教、人种不同而目的不同的，不能一概而论。）

　　　　　　　　　　2　教育は子供が立派な一人の大人になることができれば終わりである。/教育在一个孩子成为一个出色的成人后就宣告结束。

　　　　　　　　　　4　教育は子供のもつ資質が多様なので、個別的に行うほうが効果がよい。/孩子所有的资质是多样的，以此因材施教效果比较好。

70　　正确答案是4。

　　人格的諸条件を身につけること。（具备人格的各个条件。）

　　该题目属于关键词语理解类问题。解答该题的关键句子是：「一人の社会的人間として、充実した、幸福な人生を送ることができるような人格的諸条件を身につけるのが、教育の果たすもう一つの役割でもあります。そのために……」（一个人作为社会的一

员，具备能够度过充实幸福人生的人格的各个条件，是教育所承担的另一个作用。因此，……。）在选项中：1的内容虽然文章中有所提及，但不是解答该题的关键；2是教育的第一目的，解答该题的关键是教育的另一个重要方面；3并不全面。

> **其他选项分别是**
>
> 1　子供がもっている個性的な資質を大事にすること。/要重视孩子具有的个性资质。
>
> 2　教育の第一義的な目的であること。/是教育的第一意义上的目的。
>
> 3　子供たちが成人すること。/孩子长成大人。

問題13

7 正确答案是**3**。

自分が絶対に正しいと思い込んでいる女性。（认为自己绝对正确的女人。）

该题目属于画线关键句子解释的问题，文章中的关键句子是文章的第一句：「女の人が誰かを非難するときというのは、自分が絶対に正しいんだという錯覚に陥るんですね」，就是说女人在指责别人的时候往往容易陷入一种错觉，认为自己是绝对正确的，这样的女人是作者批判的对象。画线部分是作者的批评，所以应该选作者反对的选项内容。在选项中：1爱丈夫和孩子，是正确的做法；2的想法是对的，是作者希望读者了解的；4是作者提倡的做法。

> **其他选项分别是**
>
> 1　夫や子供をとても愛している女性。/非常地爱丈夫和孩子的女人。
>
> 2　良いこともマイナス面があると思っている女性。/认为好的事情也有负面的女人。
>
> 4　相手の立場になって考える女性。/站在对方的立场上思考的女人。

72 正确答案是**4**。

すべてが許される。（全部得到原谅。）

该题目属于关键句子填空的问题。文章中的关键句子是：「あなたの中に、愛しているんだから何でも許される、というような論理が働きませんか」，就是说女人们往往认为自己所做的一切是为了自己所爱的人，所以无论做什么都应该得到谅解。在举例论证后，作者又重复了这一观点，括号处所表达的意思是你是否认为自己无论做什么，只要是为了他人都会被原谅。在选项中：1 "只要为了他人都会遭到责难"，不符合题意；2 "只

要是为了他人都会喘不上气"，不符合题意；3 "只要是为了他人都会被误解"，不符合题意。

其他选项分别是　1　すべてが非難される。/全部遭到指责。

　　　　　　　　　2　すべてが息が詰まる。/全都喘不上气。

　　　　　　　　　3　すべてが錯覚される。/全都被误会。

73 正确答案是2。

人を傷つけることもある。（有时候会伤人。）

该题目属于画线句子解释类问题。文章中的关键句子是文章的最后一句：「愛が絶対なのは神様だけであって、愛が人を傷つける場合もあるのです」，说明只有神的爱才是绝对的，有的时候也会伤人。作者希望新女性意识到爱的相对性，认识到爱的负面。在选项中：1爱的负面并不是指责别人，不正确；3不符合作者的意图，爱与原谅别人的关系文中没有提及；4文中没有提及能否爱这个问题，不符合题意。

其他选项分别是　1　人を非難することもある。/有时候会指责别人。

　　　　　　　　　3　人を許さないこともある。/有时候不原谅别人。

　　　　　　　　　4　人を愛せないこともある。/有时候无法爱别人。

問題14

74 正确答案是3。

三つ（三件事）。

该题目属于文章总结归纳类问题，解答该题的关键是理解文章的大意并找出段落之间的联系。解答该题的关键句子是：「次回の定例会の議題につきましては、おおよそ、次のようなことを考えております……。まず、……次に、……また、……」（关于下次会议的议题，主要有下面几件事。首先，……其次，……另外……）。

其他选项分别是　1　一つ/一件事

　　　　　　　　　2　二つ/两件事

　　　　　　　　　4　四つ/四件事

75 正确答案是4。

製品開発について話し合うこと。（商谈产品开发一事。）

该题目属于综合理解类问题。解答该题的关键是理解每件事的轻重缓急。解答该题的关键句子是：「お取引額の引き上げ、また、手形から現金お取り引きへの変更と、弊社

の要望にお聞き入れ下さいまして、誠にありがとうございました」、「……製品に対する苦情に付きましては……その結果についてもご報告申し上げます」、「弊社の新製品のアイディアを発表させていただきたいと思います。同製品は、弊社といたしましてに、貴社とのより緊密な連携を念頭におき、提案させていただくものですので、この機会に、是非じっくりと貴社の具体的な開発コンセプトを承りたいと存じます」。从以上内容来看，选项1和选项2是过去的事情仅表示感谢；选项3的内容是过去的事情在本次会议上做个汇报。只有选项4是本次会议的重点。

其他选项分别是

1 現金取引に変更すること。/变更为现金交易。
2 以前に提示した価格を値引きすること。/将以前所示的价格降价。
3 苦情に対する処理体制を報告すること。/汇报关于投诉的处理机制问题。

模擬テスト（二）

限时：44分钟

問題10　次の（1）から（5）の文章を読んで、後の問いに対する答えとして最もよい
　　　　ものを、1・2・3・4から一つ選びなさい。

（1）

　アメリカから日本に移り住んで五年あまり、日本語はかなり上手に使えるが、「　　」
ばかりは、いまだに使いこなせなくて困っているアメリカ女性がいる。

　日本人は、親切を受けた時と次に会った時の、最低二回は謝意をあらわすということ
を、彼女は頭で理解していた。その上、現実の場面で、相手が、その言葉を今か今かと
待ち望んでいることまで、見ぬいている。それなのに、言葉が自然に出てこない。彼女
の表現リストの中には、「　　」は入っていないので、懸命に努力しても思い出せない
のである。幼い頃からの言語習慣からぬけ出して、外国語を、場面に応じて適切に使い
こなすことはむずかしい。

（直塚玲子『欧米人が沈黙するとき』大修館書店による）

55　「　　」に入る言葉は、次のうちどれか。

　　1　おかげさまで……。　　　　　2　いつもお世話になって……。
　　3　ご迷惑をおかけして……。　　4　この間はどうも……。

（2）

　万一、大地震が起こったら、スピードを出して走っている新幹線が脱線して、大きな
事故になりかねません。しかし、実際には地震が起きると新幹線は止まります。

　これは事故を防ぐシステムがあるからです。「ユレダス」といって、地震の波より電
気信号の方が速く伝わることを利用したものです。

　地震がおきると、それを感知した地震計が離れたところを走行中の新幹線の車両に信
号を伝え、ブレーキがかかります。こうして、地震の揺れが新幹線に届くまでには新幹
線のスピードが落ちていて、事故を防ぐことができるというわけです。

56 筆者が述べていることと内容が合っているものはどれか。

1 地震の波に伝わる速さと新幹線のスピードはほぼ同じ。

2 地震計は電気信号をキャッチする。

3 新幹線には、地震計がついている。

4 地震計が地震を感知して、新幹線のブレーキがかかる。

(3)

　あなたもたぶん、コンビニで立読みをしたことがあるだろう。書店で立読みをすると店員に嫌な顔をされるが、コンビニでは嫌な顔をされるどころか、むしろ歓迎される。それは、無人のコンビニより人のいる方が客が集まりやすいこと、雑誌を読みに立ち寄った客がついでに他の商品を購入するケースが多いことを計算しているためである。これに対し、雑誌や本しか商品をもたない書店ではこうはいかない。商品価値が下がるといって、立読みは嫌われるだけである。

　　　　　　　　　（友枝敏雄・他「社会学のエッセンス」有斐閣による）

57 「むしろ歓迎される」とあるが、どんなことが歓迎されるのか。

1 客が立読みをすること　　　　　2 ついでに他の商品を購入すること

3 客が集まりやすいこと　　　　　4 商品価値が下がること

(4)

お知らせ

　授業時間割および教室の変更・教科書の指示・休講・補講・試験・レポート・追試等に関する伝達事項は、10号館6階の掲示板に掲示します。休講に関しては、10号館1階の掲示板でも確認できます。

　学期の始めには、教室の変更が多いので、登録した授業の教室が変更になっていないかどうかを、授業に出席する前に必ず掲示板で確認してください。

　尚、何か不明な点がある時は、事務室（10号館6階）に問い合わせください。

58 正しく理解しているのは誰か。

1 学生Aのメモ　　レポートの提出期限は1階の掲示板で確認する。

2 学生Bのメモ　　学期始めには1階の掲示板でも教室変更の確認はできる。

3 学生Cのメモ　　補講は6階の掲示板で確認する。

4 学生Dのメモ　　授業に出る前にいつも事務室へ行かなければならない。

(5)

　私たちは、古いものを捨てることが進歩だと信じてきた。伝統的な生き方を尊重し、誇りを持つことより、もっと便利なもの、効率のよいものを生活様式の中に取り入れ続けてきた……。時間換算された仕事をこなすために、遠い職場まで通いつめ、流行とされている服を何度も買いなおし、楽しい時間を過ごすために、高速道路を車で飛ばし、レストランに通い、ビデオを見て暮らしている。入らなくなったものは、ごみとしてビニール袋に詰め込んで家の前に出しておけばそれでよい。一見、豊かそうに見える私たちの暮らしだけれど、果たしてそうなのだろうか。

（平野秀樹『森林理想郷を求めて』中公新書による）

59 筆者が一番言いたいとは何か。

1　ごみはきちんとビニール袋に入れて家の前に出しておけばよい。

2　私たちにとって伝統的な生き方を尊重し、誇りを持つことは大切だ。

3　私たちの暮らしは豊かに見えるけれども、もっと発展しなければならない。

4　もっと便利なもの効率のよいものを生活様式に取り入れたほうがよい。

問題11　次の（1）から（3）の文章を読んで、後の問いに対する答えとして最もよいものを、1・2・3・4から一つ選びなさい。

(1)

　ゴリラがとてもよく遊ぶ動物だということはあまり知られていない。しかめ面をして偏屈な性格をしていると思っている人が多い。それに、子供ゴリラは日本の動物園にわずかしかいない。

　遊びが子供の特権なのはゴリラの世界でも変わりがない。しかし、野生のゴリラを見ていると、おとなのゴリラもよく遊ぶことに驚かされる。オスゴリラが巨体をゆすって組み合うと、一瞬激しい闘争が起こったのかと思う。しかし、顔には楽しそうな笑いが浮かんでいるし、きちんと①遊びのルールを守っていることがわかる。

　それは、互いの対等性を尊重するというルールだ。どんなに体が大きいゴリラでも小さなゴリラに遊びを強制できないし、誰でも遊びの誘いを拒否できる。相手が乗らなければ、遊びは続かない。だから、大きいゴリラはかがんだり動作を緩めたりして自分にハンデをつける。そして大げさな身振りで相手を挑発するのだ。②この際、ドラミングという両手の平で胸をたたく行動がよく使われる。ドラミングは、組み合わずに相手を挑発し、相手の気分をうかがう絶好の道具だからである。

　笑い声も遊びを誘い、持続させる効果をもっている。興に乗るとゴリラはグコグコグコグコと腹の底から楽しそうな笑い声を上げるのである。笑う霊長類は人間を除けば、

類人猿しかいない。人間はドラミングのかわりに言葉を持った。でも遊びの原則は不変
ではないかと思う。

（山極寿一「潮音風声」2004年7月5日付読売新聞夕刊による）

60 ①「遊びのルール」とあるが、どんなルールか。

1　子供と大人のルール。　　　　　　　2　互いの対等性を尊重するルール。

3　相手を挑発するルール。　　　　　　4　遊びの誘いを拒否するルール。

61 ②「この際、ドラミングという両手の平で胸をたたく行動がよく使われる」とある
が、なぜドラミングをするのか。

1　相手を挑発し、相手の気分をうかがうことができるから。

2　遊びの誘いを拒否できるから。

3　顔に楽しそうな笑いを浮かべるから。

4　組み合うと、闘争が起こったのかと思うから。

62 筆者がこの文章で一番言いたいのが何か。

1　ゴリラの遊び。　　　　　　　　　　2　子供のゴリラと大人のゴリラ。

3　笑う類人猿。　　　　　　　　　　　4　遊びのルール。

(2)

　たくさんの子供たちが、今年もお盆休みに旅をしたに違いない。祖父母の待つ田舎
へ、海や山へ。目的地に向かう車内で、①彼らの視線は一様に下へ。ゲーム機、携帯電
話、コミック本などに向けられたままだ。車窓に流れる景色には、ほとんど関心を示さ
ない。

　飽かずに車窓にへばりついている子供を、近ごろめったに見かけなくなった。在来線
ではわずか８％だったトンネルの比率が、東海道新幹線では13％、上越新幹線では39％
にもなり、行程の4割は闇を走る。しかも、町中では遮音壁が線路に覆い、景色は見え
ない。映りの悪い車窓という小劇場を、子供たちは見限ったのだろうか。

　たまに車窓に映る景色は、野立て看板に原色ののぼり…。かわりばえのしない、全国
どこも似たような金太郎あめ (注1)。変化に富んで懐が深いはずの日本の風景が、車窓か
らは見えてこない。（　②　）、刺激的に作られたゲームやコミックの画像に軍配は上
がる (注2)。

　出来合いのおぜん立てされた「美」と違って、現実の景観は雑多な要素が混在してい
る。そのカオス (注3) の中から、自分なりの価値をくみ取る感性は、風景の荒廃とともに
薄れてゆく。風景への無関心は、他者への無関心につながる。③「車窓にへばりつく子
供」の減少は、無造作で殺風景な世の中の前ぶれかもしれない。

（「春秋」2004年8月16日付日本経済新聞による）

（注1）金太郎あめ：どこを切っても同じ顔が出てくる長い棒状のあめ。

（注2）軍配は上がる：勝つこと。相撲で行司（審判）が勝った方へ持っている軍配を上げる。

（注3）カオス：混沌。

63 ①「彼らの視線は一様に下へ」とあるが、なぜか。

1　毎年のお盆休みに旅をしなければならないから。

2　祖父母の待つ田舎へ行くから。

3　ゲーム機、携帯電話、コミック本などに熱中するから。

4　トンネルが多いから。

64 （　②　）に入る言葉は、一番適切なのはどれか。

1　突然　　　　　2　当然　　　　　3　自然　　　　　4　呆然

65 ③「『車窓にへばりつく子供』の減少」とあるが、原因は何か。

1　子供たちが他者に対して無関心だから。

2　車窓には雑多な景色が混在しているから。

3　自分なりの価値をくみ取る感性があるから。

4　風景がどこでも似たようなものだから。

（3）

　この国は自然が味方してくれたからね。今でも国土の7割から8割が森林でしょう。何千年もその森の中が生きて来たから日本民族の遺伝子の中に、すっかり森林文化が定着した。私はこれが実は日本人の弱点と思うのです。

　森には動物がいるし、実もなる。飢えに苦しむこともなく穏やかに生きて来られた。ただ目の前にあるいばらを折ったり、手でかき分けたりして進んできた。器用にはなった。が、必然的に、いかに対応するかということだけが①自分の仕事になってしまった。目の前にある枝を上手に折る、道を作る。そんな仕事だけに明け暮れるHOW文化がすべてになったんです。（中略）

　その致命的な欠陥は、遠くが見渡せないこと。木の葉や枝があるから遠いところを見渡す文化が育たなかった。

　欧米や中国の文化は砂漠文化です。そこではオアシスを見つけなければ生きられない過酷な状況で生き抜いてきた。必死に現状に耐えて遠くを見なければ死に至る。②自分で方向を見定め、自分の足でそこにたどり着く。なぜこっちへ進むべきなのか、本当にこれでいいのか、命がけで自分に問いかけながら生きるのが砂漠のWHY文化なのです。

　③そういう視点で日本民族を見ていると、政治でも経済でも、そして外交でも、目の前のことでどうしよう、どう対応しようと言うことばっかり考える。なぜこうなったのかを考える遺伝子がない。それを自覚しないとね。

　　　　　（中坊公平「広く見よ、遠くを見よ」2003年3月30日付、朝日新聞朝刊による）

66 文章には①「自分」と②「自分」とはあるが、それぞれ誰を指すか。

1　森に住む人　オアシスを見つける人。

2　日本民族　欧米や中国の民族。

3　筆者　砂漠で生き抜く人。

4　森にいる動物　砂漠にいる人。

67 ③「そういう視点」とは、どういう視点か。

1　過酷な砂漠から生まれたWHY文化の視点。

2　器用な日本人を育てたHOW文化の視点。

3　WHY文化であるかHOW文化であるか、という視点。

4　生物学的かつ遺伝子学的に文化を研究する視点。

68 この文章で、筆者が述べたいのはどれか。

1　日本人の弱点。　　　　　　　　2　森林の重要性。

3　文化と国民性。　　　　　　　　4　遺伝子の力。

問題12　次AとBはそれぞれ、就職について書かれた文章である。二つの文章を読んで、後の問いに対する答えとして最もよいものを、1・2・3・4から一つ選んでください。

A

　学生の就職離れが社会問題になっている。

　この数十年で大人たちの作った社会があまりにもひどかったせいか、それを見て育った世代は、自らは大人になるということを避けているかのようだ。卒業しても決まった職に就かなかったり、就職活動という名のもとにアルバイト先を転々とする者、さらには、仕事も勉強も仕事をするための訓練さえ受けないというニートも現れている。また、社会にでるのを怖がり、大学に残る学生も少なくない。ピーターパン症候群と呼ばれる若者たちは、いつまでも子供のままでいようとしている。

　これは、日本社会が未来を描けなくなっているからなのだろうか。それとも、若者が変わってしまったのだろうか。一昔前なら、卒業したからには当然働かざるを得ないと考えたものだが。

B

　フリーターとは、学生や主婦を除く15歳から34歳の人たちのうち、主にパートやアルバイトなど、正社員以外で働いている人たちのことを言う。このフリーターの数は、ここ10年で2倍になり、現在、約420万人も存在する。これは労働人口の5人に1人の割合である。

　　これほどまでにフリーターが増えたのは、若い人たちの働こうとする気持ちや就職しようという意識の低下などが原因とも言われているが、何といっても10年以上続いた不況のせいである。企業は年々採用を減らし、また、賃金をできるだけ安く抑える努力をしてきた。つまり、安い労働力をフリーターに求めてきたことが、このような驚くべきフリーターの増加を招いたのである。

　　フリーターが増えると消費も税収も減る。そうなると、日本の経済成長率も大きく低下し、さまざまな社会問題が起きてくるのである。

69　文章Bには、フリーターの数が増えた原因について話しているが、一番の原因は何か。

1　労働人口が増加し過ぎたこと。

2　若者に働く意志がないこと。

3　会社の賃金が安すぎること。

4　不況で会社が社員の採用を減らしたこと。

70　両方の内容と合っているものはどれか。

1　フリーターの増加は就職離れの学生の意識にも不況の社会環境にも原因がある。

2　会社はフリーターに労働力を求めるべきではない。

3　フリーターをしている若い人の将来が心配だ。

4　学生の就職離れは学校教育にも大きくかかわっている。

問題13　次の文章を読んで、後の問いに対する答えとして最もよいものを、1・2・3・4から一つ選びなさい。

　　先ほど、外国語を学ぶときには翻訳してはいけないと言いましたが、それは相手と会話をするときの話です。そのさいに頭の中で翻訳するのはいけないのですが、本を読んでいるときに理解できない単語を調べることはぜひとも必要です。読んでいるときはかならず辞書で調べるべきです。全体の意味がある程度わかる場合、人間はだいたい楽をすることが多く、わからない単語の意味を調べようとはしません。そして、①その単語が四回も五回も出てくるとどうも気になってついに調べることになります。

　　ところがそれは大損なのです。なぜかというと、最初に調べておけば、二回目に出てきたとき、三回目、四回目、五回目は復習になって、その単語を覚えてしまえたのです。五回目にはじめて調べたら、②復習のチャンスを四回もなくしたことになります。だから、ぼくはわからない単語を全部調べながら、三週間弱でこの本を全部読みまし

た。そのあいだに、わからなかった単語を1000語以上も単語帳に書いて、ほとんど覚えてしまいました。

（中略）

　勉強の成果は、けっして勉強した時間に比例して身についていくのではありません。勉強をはじめたときには、単語が身についていくのがわかるのですが、そのあとは長い平らな時期がきます。多くの人はその時期がきて、勉強しているのに全然進歩が感じられないので、「ああ、ぼくはだめだ。外国語の勉強は向いていない」とか、「自分には才能がない」と思うのです。そう心の中であきらめてしまうと、いくら勉強してもあまり進歩はありません。

　そうではないのです。しばらく平らな時期がきて、それを越せば一段とうまくなるのです。ジグソーパズルをしているときを思い出せば、イメージとしてわかると思います。いろいろな部分が小さな塊になってきているのですが、つながりがつかない。ところが、一カ所でも橋渡しができると、一気に大きな塊ができます。また、別の部分もつながって塊になり、こうして全体ができあがっていきます。

　（　③　）、いろいろな単語や表現が、ばらばらと記憶の中にあったものが、突然かたまって、つながりができることによって、一段うまくなることができるのです。それからまたしばらく進歩がなくて、また一段とうまくなる。これのくりかえしなのです。

　　　（ピーター・フランクル『ピーター流らくらく学習術』岩波ジュニア新書による）

[7] ①「その単語」とあるが、どんな単語か。
1　会話をするとき相手が何度も使う単語。
2　翻訳するとき何度も出てくる単語。
3　本を読んでいるときに出てくるわからない単語。
4　意味はあるていどわかるが、調べたことがない単語。

[72] ②「復習のチャンスを四回もなくしたことになります」とあるが、ここではどんな意味か。
1　知らない単語を覚えなかったので復習のチャンスをなくしたという意味。
2　知らない単語をすぐ調べなかったので復習のチャンスをなくしたという意味。
3　知らない単語を覚えるための復習をしなかったという意味。
4　知らない単語をすぐ調べたので復習をしなかったという意味。

[73] （　③　）に入る最も適当言葉はどれか。
1　それが　　　　　　　　　　　2　これに対して
3　それとも　　　　　　　　　　4　同じように

問題14　次は電気製品の取扱説明書である。下の問いに対する答えとして最もよいものを、1・2・3・4から一つ選びなさい。

取扱説明書

このたびはお買い上げいただきありがとうございます。

この取扱説明書をよくお読みになり、正しくお使いください。

また、本書はお使いになる方がいつでも読ることができるように大切に保管してください。

ご使用になる前に、下記の「安全上のご注意」をよくお読みのうえ正しくお使いください。ここに示した注意事項は、お使いになる方や他の人々への危害や損害を未然に防止するためのもので、必ずお守りください。

安全上のご注意

・不安定な場所には置かないでください。

・必ず室内でご使用ください。

・子供だけで使わせたり、幼児の手の届く場所やペットの近くで使用しないでください。（感電やけがの原因になります。）

・異物を入れないでください。（特にお子様にご注意！）

・手をはさまないように注意してください。

・部品の交換や点検などのお手入れを行う際は、必ず差込プラグをコンセントから抜いてください。（運転しながら行うと感電やけがの原因になります。）

・可燃性のものや火のついたタバコや線香などを近づけないでください。（発火することがあります。）

・5年に一度は内部の掃除を販売店に依頼するようにしてください。

・改造はしないでください。また修理技術者以外の人は、分解・修理をしないでくさい。

・アンテナ工事は、技術と経験が必要です。販売店にご相談ください。

・本製品は、日本国内専用です。

74　「日本国内専用」とあるが、どういう意味か。

1　日本で作られたものだが、国外でも使える。

2　日本の専門家が特別の技術で作ったものである。

3　日本国内でしか使用できない。

4　日本の特別な場所でしか使用できない。

75 この説明書の内容と合っているものはどれか。

1　子供がいる場所では電源を切ったほうがいい。
2　庭や車の中では使ってはいけない。
3　部品を交換するとき、電源を入れてもいいです。
4　内部の掃除は家庭でもできる。

精 解 专 栏
独家发布

問題10

55 正确答案是4。

この間はどうも……。（前段时间真是太……。）

该题目属于关键句子填空类问题。解答该类题型需要了解前后文之间的意思，从中找出正确答案。解答该题的关键句子是：「日本人は、親切を受けた時と次に会った時の、最低二回は謝意をあらわすということ。」（日本人在接受他人的好意后，至少要道谢两次。）该句子表明，再次道谢时需要与对方寒暄，即文章中所需要填写的是再次道谢的寒暄语。在选项中：1用于表示感谢（即便没接受他人的恩惠时）；2用于对持续的恩惠表示感谢；3用于给对方造成不便时表示歉意的表达方式。

其他选项分别是　1　おかげさまで……。/托您的福，……。
　　　　　　　　2　いつもお世話になって……。/总是承蒙关照，……。
　　　　　　　　3　ご迷惑をおかけして……。/给您添麻烦了，……。

56 正确答案是4。

地震計が地震を感知して、新幹線のブレーキがかかる。（地震仪感知地震后，新干线就刹车。）

该题目属于综合理解类问题。解答该题需要通篇掌握文章大意，或带着问题读文章，将问题内容与文章内容一一比较。在选项中：1的内容文章中并未将两者做比较说明；2的表述与事实相反，地震仪应该是捕获地震的信号；3文章中未做表述。

其他选项分别是　1　地震の波に伝わる速さと新幹線のスピードはほぼ同じ。/地震波的速度和新干线的速度基本相同。
　　　　　　　　2　地震計は電気信号をキャッチする。/地震仪捕获电器信号。
　　　　　　　　3　新幹線には、地震計がついている。/新干线上装有地震仪。

57 正确答案是1。

客が立読みをすること。（客人站着读书这件事。）

该题目属于关键词语理解类问题，解答该题的关键句子是：「書店で立読みをすると店員に嫌な顔をされるが、コンビニでは嫌な顔をされるどころか、むしろ歓迎される。」（在书店站着读书可能要看店员的脸色，但在便利店站着读书，别说是看店员的脸色了，应该说是受欢迎。）在选项中：2是受欢迎的原因；3也是受欢迎的原因；4是书店为什么不喜欢客人站着读书的原因。

其他选项分别是
2 ついでに他の商品を購入すること。/顺便可以购买其他商品。
3 客が集まりやすいこと。/容易招揽客人。
4 商品価値が下がること。/商品价值下降。

58 正确答案是3。

学生Cのメモ　補講は6階の掲示板で確認する。（C同学的记录 补课可以在六楼的公告栏确认。）

该题目属于综合理解类问题，需要掌握文章大意，解题时可以先看问题然后再读文章，将问题内容与文章内容一一比对即可。在选项中：1的内容错在在1楼的公告栏确认，应该是在六楼；2应该是在1楼可以确认补课内容；4属于错误理解，不必每次都去办公室。

其他选项分别是
1 学生Aのメモ　レポートの提出期限は1階の掲示板で確認する。/A学生的记录 报告的交稿期限在1楼的公告栏确认。
2 学生Bのメモ　学期始めには1階の掲示板でも教室変更の確認はできる。/B学生的记录 学期开始时能在1楼的告示板确认教室的变更情况。
4 学生Dのメモ　授業に出る前にいつも事務室へ行かなければならない。/D学生的记录 每次上课前都需要去办公室。

59 正确答案是2。

私たちにとって伝統的な生き方を尊重し、誇りを持つことは大切だ。（对于我们来说尊重传统的生存方式，有自豪感是重要的。）

该题目属于综合理解类问题，解答该题的关键是掌握文章大致内容。关键句子是：「一見、豊かそうに見える私たちの暮らしだけれど、果たしてそうなのだろうか。」（表面上看我们的生活是富裕的，但真的是这么回事吗？）该句子表明了作者的观点，即前面所阐述的内容不一定是对的。在选项中：1与文章要表达的意思相反；3的内容作者并未表达；4的内容文章并未表达。

其他选项分别是　1　ごみはきちんとビニール袋に入れて家の前に出しておけばよい。／只要将垃圾好好地放进塑料袋里放到家门口就行了。

　　　　　　　　　3　私たちの暮らしは豊かに見えるけれども、もっと発展しなければならない。／我们的生活虽然看起来富裕，但还必须进一步提高。

　　　　　　　　　4　もっと便利なもの効率のよいものを生活様式に取り入れたほうがよい。／引进更便利的、更有效率的生活样式比较好。

問題11

60　正确答案是2。

互いの対等性を尊重するルール。（尊重相互对等性的规则。）

该题目属于关键词语解释类问题，解答该类题型时一般从该关键词的前后句子中寻找正确答案。解答该题的关键句子是：「それは、互いの対等性を尊重するというルールだ」（那是尊重相互对等性的规则）。该句子中的「それ」是指代前面的关键词语的。在选项中：1虽然文章中提及成人猩猩和年幼猩猩，但不是该题的正确答案；3文章中提及的是指相互玩耍时的动作；4是指因为有了尊重相互对等性的规则。

其他选项分别是　1　子供と大人のルール。／孩子和大人的规则。

　　　　　　　　　3　相手を挑発するルール。／挑逗对方的规则。

　　　　　　　　　4　遊びの誘いを拒否するルール。／拒绝玩耍邀请的规则。

61　正确答案是1。

相手を挑発し、相手の気分をうかがうことができるから。（因为能挑逗对方，询问对方的心情。）

该题目属于关键句子理解类问题，但在该文章中，解答该题的关键在于理解上下文之间的联系、掌握前后句子的意思。解答该题的关键句子是：「ドラミングは、組み合わずに相手を挑発し、相手の気分をうかがう絶好の道具だからである。」尤其后面有表示原因的词语「から」的出现。在选项中：2、3、4的内容虽然文章中都涉及到，但均非本题答案。

其他选项分别是
2 遊びの誘いを拒否できるから。/因为可以拒绝玩耍的邀请。
3 顔に楽しそうな笑いを浮かべるから。/因为脸上可以浮现出愉快的笑。
4 組み合うと、闘争が起こったのかと思うから。/因为觉得如果扭在一起，要起争斗了。

62 正确答案是4。

遊びのルール。（游戏的规则。）

该题目属于综合归纳类问题。解答该类题型时，需要掌握文章大意并把握文章的重点所在。在选项中：1的内容文章中虽然提及，但并不是文章所要表达的重点，而且由选项1的内容作为引子，引出本篇文章的重点；2同样也在文章中提及到了，而是作为解释该篇文章重点所罗列出的内容；3的内容同样并非正确答案。

其他选项分别是
1 ゴリラの遊び。/猩猩的游戏。
2 子供のゴリラと大人のゴリラ。/幼年猩猩和成年猩猩。
3 笑う類人猿。/笑的类人猿。

63 正确答案是3。

ゲーム機、携帯電話、コミック本などに熱中するから。（因为沉迷于游戏机、手机、连环画等。）

该题目属于关键句子理解类问题。解答该题的关键句子是：「ゲーム機、携帯電話、コミック本などに向けられたままだ。」（他们的视线一直都面向游戏机、手机、连环画等。）在选项中：1和2的内容是指孩子们一直往下看；4虽然文中提及，但不是本题的正确答案。

其他选项分别是
1 毎年のお盆休みに旅をしなければならないから。/因为每年的盂兰盆节都得去旅行。
2 祖父母の待つ田舎へ行くから。/因为要去有祖父母等候的乡下。
4 トンネルが多いから。/因为隧道多。

64 正确答案是2。

当然（当然）。

该题目属于关键词语填空类问题，解答该类题型需要掌握上下文之间的关系。该题中主要针对孩子们不看车窗外风景的原因进行阐述，其中原因之一是：「全国どこも似たよ

うな金太郎あめ。変化に富んで懐が深いはずの日本の風景が、車窓からは見えてこない」（全国像金太郎糖一样，到处都是一样的。本应富于变化内涵深刻的日本风景，从车窗里已经看不到了）。另一个原因是：「刺激的に作られたゲームやコミックの画像に軍配は上がる」（富于刺激的游戏，连环画的画面是获胜的一方）。在选项中：1用于猛然间的动作或事情；3表示理所当然地、自然而然地做；4表示因某种刺激呆住时。

其他选项分别是　1　突然 ／ 突然
　　　　　　　　3　自然 ／ 自然
　　　　　　　　4　呆然 ／ 发愣

65　正确答案是4。

風景がどこでも似たようなものだから。（因为风景无论哪里都是类似的。）

该题目属于综合理解类问题。解答该题的关键句子是：「かわりばえのしない、全国どこも似たような金太郎あめ。変化に富んで懐が深いはずの日本の風景が、車窓からは見えてこない。」（没有什么起色，全国像金太郎糖一样，到处都是一样的。本应富于变化、内涵深刻的日本风景，从车窗里也看不见了。）在选项中：1可以理解成这种现象的结果；2与原文叙述不符；3与原文叙述相悖。

其他选项分别是　1　子供たちが他者に対して無関心だから。／因为孩子们对他人漠不关心。
　　　　　　　　2　車窓には雑多な景色が混在しているから。／因为车窗里有各种各样的景色混在一起。
　　　　　　　　3　自分なりの価値をくみ取る感性があるから。／因为孩子们有找出自己价值的感性。

66　正确答案是2。

日本民族　欧米や中国の民族。（日本民族、欧美或中国的民族。）

该题目属于关键词语解释类问题，解答该题一般从前后句中寻找正确答案。解答该题的关键在于理解两个词所在段落之间的关系，该篇文章中两个词所在段落分别对「HOW文化」和「WHY文化」进行阐述，因此答案应该是这两种文化所属的民族，即"日本民族"和"欧美或中国的民族"。在选项中：1表述不全面；3的"作者"是明显的错误选项，可排除；4"住在沙漠里的人"文章中并未提及。

其他选项分别是　1　森に住む人　オアシスを見つける人。／住在森林里的人、寻找绿洲的人。
　　　　　　　　3　筆者　砂漠で生き抜く人。／作者、在沙漠中活下来的人。
　　　　　　　　4　森にいる動物　砂漠にいる人。／住在森林里的动物、住在沙漠里的人。

E7 正确答案是3。

WHY文化であるかHOW文化であるか、という視点。（从WHY文化或HOW文化的观点来看。）

该题目属于关键词语理解类问题，解答该题时需要掌握全篇的结构。该篇文章属于论文类文章，即"提出观点→解释观点→反证观点→总结"这样一种模式。问题中出现的关键词语是出现在文章结尾的总结段落中，即可以认为是对两种文化的一个对比，因此选项3是正确答案。

其他选项分别是
1　過酷な砂漠から生まれたWHY文化の視点。/从在严酷的沙漠中产生的WHY文化这一观点。
2　器用な日本人を育てたHOW文化の視点。/从养育了灵巧的日本人的HOW文化这一观点。
4　生物学的かつ遺伝子学的に文化を研究する視点。/从研究生物学及遗传因子学的观点。

E8 正确答案是1。

日本人の弱点。（日本人的弱点。）

该文章属于综合理解类文章。解答该题的关键是掌握文章的大意并对其进行归纳总结。该篇文章的结构是"提出观点→解释观点→反证观点→总结"这一模式，即第一段中提出森林文化其实是日本人的弱点；第二段中继续对森林文化（HOW文化）进行详细地阐述；第三段又强调了一次这种文化的弱点；第四段通过欧美及中国的沙漠文化（WHY文化）的优点来对比强调日本文化的弱点；最后一段通过总结的方式说明日本的这种文化体现在政治、经济、外交等方面的劣势。在选项中：2的内容文章未提及；3虽然有所提及但并非本文重点；4文章中也未提及。

其他选项分别是
2　森林の重要性。/森林的重要性。
3　文化と国民性。/文化和国民性。
4　遺伝子の力。/遗传基因的力量。

問題12

59 正确答案是4。

不況で会社が社員の採用を減らしたこと。（因为不景气，公司减少了员工的录用。）

该题目属于关键句子理解类问题。解答该题的关键句子是："10年以上続いた不況のせいである。企業は年々採用を減らし、また、賃金をできるだけ安く抑える努力をし

てきた。」（因持续10年以上的不景气，公司逐年减少员工的录用，而且还尽可能地缩小租金的开支。）在选项中：1可以看作是这种原因的结果；2是原因之一但不是最主要的原因；3与劳动人数增加无必然因果关系。

其他选项分别是　1　労働人口が増加し過ぎたこと。/劳动人口增加过剩。
　　　　　　　　　　　　　2　若者に働く意志がないこと。/年轻人没有工作意识。
　　　　　　　　　　　　　3　会社の賃金が安すぎること。/公司的租金过于便宜。

70　正确答案是1。

フリーターの増加は就職離れの学生の意識にも不況の社会環境にも原因がある。（临时工的增加，既与学生的意识有关也与社会环境有关。）

该题目属于综合理解类问题，解答该题需要掌握两篇文章的内容。文章A从学生角度解释现在不想工作的人多，有一部分人是「ピーターパン症候群（不想成为大人的心理倾向）」。文章B从社会环境角度解释了现在临时工数量增加的原因。因此结合两篇文章可以看出，选项1概括得比较全面；2是文章B中提及的，但作者并未强调公司不应该这么做；3两篇文章中均未提及；4同样文章中未提及。

其他选项分别是　2　会社はフリーターに労働力を求めるべきではない。/公司不应该为临时工作寻求劳动力。
　　　　　　　　　　　　　3　フリーターをしている若い人の将来が心配だ。/担心做临时工的年轻人的将来。
　　　　　　　　　　　　　4　学生の就職離れは学校教育にも大きくかかわっている。/学生们远离就业，与学校的教育有很大的关系。

問題13

71　正确答案是3。

本を読んでいるときに出てくるわからない単語。（读书的时候出现的不会的词汇。）

该题目属于画线关键词解释的问题，文章中的关键句子是：「本を読んでいるときに理解できない単語を調べることはぜひとも必要です」，就是说读书的时候遇到无法理解的词汇，有必要查清楚。问题所在的句子说在读书的时候，出现了不懂的词汇，人们往往懒得查，但是出现了几次后就会很在意，然后主动去查。因此此处所指的是前面出现的，读书的时候遇到的不懂的词汇。在选项中：1对话时遇到的不懂的词汇，作者认为当时可以不必查，所以不符合作者意图；2文章中没有提到翻译时遇到不懂的词汇，所以不是正确选项；4文章中没有提到此项，不是正确选项。

其他选项分别是

1　会話をするとき相手が何度も使う単語。／会话时对方多次使用的词汇。
2　翻訳するとき何度も出てくる単語。／翻译时多次出现的词汇。
4　意味はあるていどわかるが、調べたことがない単語。／某种程度明白意思，却从未查过的词汇。

72　**正确答案是2。**

知らない単語をすぐ調べなかったので復習のチャンスをなくしたという意味。（因为没有立刻查不明白的单词，所以错失了复习的机会的意思。）

该题目属于关键句子解释性问题。文章中的关键句子是前面一句：「最初に調べておにば、二回目に出てきたとき、三回目、四回目、五回目は復習になって、その単語を覚えてしまえたのです」，就是说当不懂的词汇出现时，如果立刻查出意思，当它以后再出现时就相当于在复习了。画线处的句子是从反面重复了这个意思，也就是说如果遇到不懂的词汇没有立刻查找，就错失了复习的机会。在选项中：1不正确，失去复习的机会不是因为没有记住单词，而是因为没有立刻查字典；3不符合题意，文章中没有提到背单词与复习的关系；4是错误的，如果立刻查找出生词，不是没有复习，而是有了复习的机会。

其他选项分别是

1　知らない単語を覚えなかったので復習のチャンスをなくしたという意味。／因为没有记住不认识的单词，所以失去了复习的机会的意思。
3　知らない単語を覚えるための復習をしなかったという意味。／没有做为了记住不认识的单词而进行复习的意思。
4　知らない単語をすぐ調べたので復習をしなかったという意味。／因为立刻查出了不认识的单词，所以没有复习的意思。

73　**正确答案是4。**

同じように（同样地）。

该题目属于考查文章上下文关系的关键词填空类问题。文章中的关键句子是：「しばらく平らな時期がきて、それを越せば一段とうまくなるのです」，就是说学习语言的人一般水平不会直线上升，而是会经历一段平坦的时期，经过量的积累后才会一下子提高。括号处的前面两段说明了这个道理，在最后一段要印证在词汇的积累问题上，说明的也是同样的事情。在选项中：1提示主语，用于解释说明的时候，不符合上下文关系；2用于解释相反的事物或一个事物的另一方面，不符合上下文关系；3用于提出事物的另一种可能性，不符合上下文关系。

其他选项分别是　1　それが/那是。
　　　　　　　　 2　これに対して/相对于此。
　　　　　　　　 3　それとも/或者。

問題14

74　正确答案是3。

日本国内でしか使用できない。（仅限日本国内使用。）

该题目属于关键词语理解类问题。该题中主要需要理解「専用」一词即可。在选项中：1、2、4均为误解选项。

其他选项分别是　1　日本で作られたものだが、国外でも使える。/虽然是日本制作的，但可以在国外使用。
　　　　　　　　 2　日本の専門家が特別の技術で作ったものである。/是用日本专家的特殊技术做成的。
　　　　　　　　 4　日本の特別な場所でしか使用できない。/只能在日本特定的场所内使用。

75　正确答案是2。

庭や車の中では使ってはいけない。（不能在庭院或车中使用。）

该题目属于关键句子理解类问题。解答该题的关键句子是：「必ず室内でご使用ください」（必须在室内使用）。在选项中：1文章中提及不可以让小孩子单独使用，不在幼儿或宠物的旁边使用。并非选项1所表达意思；3与文章内容相悖，需拔下电源；4与文章内容相悖，内部清扫需去经销店铺。

其他选项分别是　1　子供がいる場所では電源を切ったほうがいい。/在有孩子的地方最好关掉电源。
　　　　　　　　 3　部品を交換するとき、電源を入れてもいいです。/更换零件时，插着电源也可以。
　　　　　　　　 4　内部の掃除は家庭でもできる。/内部的清扫可以在家中进行。